DIE WARNECKE DIÄT

Mark Warnecke

südwest

DIE WARNECKE DIÄT

Mark Warnecke

Inhalt

Mark Warnecke hat seine Ernährung konsequent umgestellt.

Schnitzel einmal aus dem Ofen – mit raffinierter Pestosauce.

Die Tomaten sind mit Zucchini- und Mozzarellawürfeln gefüllt.

SAFT-ORANGEN

Das Warnecke-Konzept

Damit eine Diät funktioniert, muss sie sich problemlos in den Alltag integrieren lassen. Komplizierte Vorgaben wird niemand lange befolgen. Wer aber motiviert ist, den richtigen Umgang mit Lebensmitteln lernt und sich an einfache Regeln hält, wird Erfolg haben. Das Diätkonzept von Mark Warnecke setzt dies um und wird Sie auf Ihrem Weg zum Wunschgewicht begleiten.

Mein Weg zum Ziel

Als Hochleistungssportler und Arzt sollte Diät eigentlich kein Thema für mich persönlich sein, zumindest nicht für meinen eigenen Körper, aber weit gefehlt. Im Dezember 2004, nach den Kurzbahn-Europameisterschaften im Schwimmen, brachte ich sagenhafte 116,9 kg bei einer Körpergröße von 187 cm auf die Waage. Ein Gewicht, das sich nicht mehr mit Muskelmasse oder schwerem Knochenbau wegdiskutieren ließ.

Obgleich ich wegen meines Berufs als Arzt viel über Kalorien und die Stoffwechselfunktionen im Körper weiß, gelang es mir in der Vergangenheit nicht, mich selbst so weit einzustellen, dass ich ohne Figurprobleme durch den Alltag kam. Ein Diätmodell mit »mehr Sport« konnte wohl nicht die Lösung sein, denn immerhin trainierte ich zwischen drei und vier Stunden täglich. Ich musste erkennen, dass es nur einen Grund für mein Übergewicht gab: Ich aß einfach von dem Falschen zu viel.

10 kg abnehmen in sieben Tagen und andere Werbebotschaften sind nichts weiter als Versprechungen, die damit spielen, dass es keine Ernährungsfehler gibt. Sie gaukeln uns eine Wunderwaffe vor, die ohne Bewegung und Veränderung des Lebensstils funktionieren soll. Natürlich nimmt man ab, wenn man jeden Tag Eisbein und Pommes gegessen hat und dann zwei Wochen nur von Gemüsebrühe lebt. Da man aber nicht gelernt hat, wie man richtig isst und danach wieder zu seinen alten Essgewohnheiten zurückkehrt, wiegt man nach einiger Zeit umso mehr.

Ausgeglichene Energiezufuhr

Ganz gleich, welche Veranlagung man hat, dick wird man erst, wenn man mehr Kalorien isst, als der Körper benötigt. Wenn ich immer 100 Stundenkilometer mit meinem Auto fahre und dieses 8 l Benzin dafür benötigt, wird der Tank irgendwann überlaufen, wenn ich für 100 km immer 8,5 l tanke.
Umgekehrt ist der Tank trotz Tanken irgendwann leer, wenn ich immer 100 km fahre, aber jedes Mal nur 7,5 l hineinfülle. Dies alles geht eine Zeit lang gut, weil der Tank so wie der Körper nach oben und unten jeweils gewisse Reserven hat.
Unser heutiges Essverhalten und auch nicht zuletzt die massive Werbung lassen uns aber leider selbst größere Missstände in der Nahrungszusammenstellung nicht mehr so leicht erkennen.

Um zu erleben und vielleicht auch zu verstehen, wie einfach und gut schmeckend »gesund« sein kann, habe ich dieses Kochbuch geschrieben.

Für einen langfristigen Diäterfolg hilft es also nur, seine Ernährung und am besten auch seinen kompletten Lebensstil langfristig umzustellen und den eigenen Essfehlern auf den Grund zu gehen. Mir hat es dabei viel geholfen, meinen Alltag einmal ganz gezielt unter die Lupe zu nehmen. Ich habe dabei so manche Schwachstelle entdeckt – und genau hier konnte ich dann ansetzen und etwas verändern.

Mit der wichtigste Punkt war, mir einzugestehen, dass ich etwas falsch gemacht habe und ich nahm mir vor, diesen Fehler zu beheben. Nach dieser Einsicht hat meine Diät schließlich funktioniert.

Sport als Ergänzung

Bei mir war nicht der Sport der Schlüssel zum Erfolg, sondern die richtige Kalorienmenge für meinen Bedarf. Ich musste lernen, mich daran zu halten, weniger zu essen, als ich verbrauche. Sport ist also weder die Universallösung beim Abnehmen, noch die alleinige »Fettkiller«-Methode.

Wer die Diät allerdings durch Sport begleitet, unterstützt seinen Stoffwechsel und die Fettverbrennung. Da durch eine sportliche Betätigung im Ausdauerbereich Kalorien verbrannt werden, kann man die Kalorienmenge in der Diätphase erhöhen, was das Abnehmen wiederum leichter macht.

Wichtig ist nur: nicht kurz und hart Sport treiben, sondern lang (45 Minuten am Stück) und locker (also bei ca. 130 Pulsschlägen pro Minute). Nur diese Art von Ausdauersport verbrennt auch effektiv die Fettreserven. Kurze, harte Belastungen geben einem zwar das Gefühl, etwas für seinen Körper getan zu haben, gehen allerdings verstärkt nur auf die Glykogenspeicher und lassen das Fett da, wo es ist.

Nordic Walking ist der ideale Ausdauersport für Menschen jeden Alters. Mittlerweile werden in vielen Städten Kurse und »Lauftreffs« angeboten, wo Sie die richtige Technik lernen und Spaß an der Bewegung mit Gleichgesinnten entdecken werden.

Warum zu dick?

Nie war das Thema Diäten so aktuell wie heute und es wird immer aktuell bleiben. Das medizinisch größte Problem für die Menschen wird in der Zukunft die Bekämpfung von Krankheiten sein, die durch Fehl- bzw. Überernährung verursacht werden. Das so genannte Wohlstandssyndrom (metabolisches Syndrom genannt) hat mittlerweile schon Kinder erreicht. Ein Zustand, den es zu ändern gilt.

In den letzten Jahrtausenden hat sich unser Essverhalten schneller verändert als wir uns daran anpassen konnten. Von einem Big Mäc Menü XXL konnte man sich früher zwei Tage ernähren. Heute dient es teilweise als Zwischenmahlzeit. Früher musste der Mensch sich bewegen, um an Nahrung zu kommen, heute brauche ich lediglich ein Telefon.

Übergewicht hat also in den meisten Fällen nur zwei Hauptursachen, über die man sich klar werden muss. Zum einen isst man zu viel, zum anderen das Falsche. Bei den meisten übergewichtigen Menschen trifft leider die Kombination von beiden Haupternährungsfehlern zu.

Die Auswirkungen der Fehlernährung sind am deutlichsten daran zu erkennen, dass in Deutschland immer mehr Kinder und Jugendliche an ernährungsbedingtem Diabetes, Bluthochdruck, erhöhten Cholesterinwerten und sogar Arterienverkalkung leiden.

Wissen alleine reicht nicht

Dass eine Fehlernährung nicht unbedingt etwas mit Unwissenheit zu tun hat, zeigt das Phänomen, dass selbst Ernährungswissenschaftler und Ärzte davon betroffen sind. Eines der Hauptprobleme bei Übergewicht ist das schlechte Gewissen, das sich einstellt, wenn man anfängt, sich über seine Ernährung Gedanken zu machen. Das große Thema »Essen« wird somit immer weiter negativ verstärkt.

Wer kennt diese Situation nicht: Man hat mal wieder völlig über die Stränge geschlagen und reduziert dann zum Ausgleich die nächsten Mahlzeiten drastisch oder lässt sie gar ganz ausfallen. Mit jedem Bissen stellt sich ein schlechtes Gewissen ein und man fühlt sich schlecht. Ein Teufelskreis beginnt, weil man irgendwann zur Aufheiterung zu Schokolade und Chips greift.

Motivation ist das A und O

Gerade bei Menschen mit viel »Diäterfahrung« stellt sich beim Abnehmen schnell eine Frustration ein. Eigentlich ist einem alles bekannt, doch es funktioniert nicht. Auch ich kenne diese Frustration noch sehr genau von meinen früheren Diätversuchen. Die Lösung für mein Problem kam erst, als mir klar wurde, dass es für den dauerhaften Erfolg nicht reicht, alles zum

Bewusst leben

Um sich einmal vor Augen zu führen, wie wichtig es ist, unseren Körper in der Balance zu halten, ist folgendes Bild ganz hilfreich: Ein Segelboot ist um so schneller, je größer sein Segel ist. Allerdings darf man das auch nicht übertreiben. Wenn das Segel eine bestimmte Größe im Verhältnis zum Bootsrumpf übersteigt, wird das Boot kentern. Ebenso kentern wir, wenn wir mit unserem Körper nicht bewusst umgehen und ihm zu viel zumuten.

Thema gesunde Ernährung zu wissen, sondern dass ich ganz persönlich auch etwas an meinem Leben ändern muss. Als ich anfing, Meckern und Selbstmitleid abzustellen und mich einfach einmal relativ konsequent an meine Vorgaben gehalten hatte, fing ich an, mit immer mehr Freude und Erfolg abzunehmen.
Heute ist mir klar, dass Aussagen wie »Bei mir funktioniert das nicht« aus dem in der Psyche negativ aufgeladenen Thema Ernährung und Essen entstanden sind. Dies muss man umpolen in die logische Schlussfolgerung: Es geht einfach nicht anders: Man muss weniger Kalorien zu sich nehmen, als man tatsächlich verbraucht, um abzunehmen. So ist es nun einmal und daran habe ich mich gehalten.

Die Bilanz muss stimmen

Um Übergewicht zu vermeiden, kommt es hauptsächlich auf die richtige Bilanzierung der Nahrung an und nicht unbedingt darauf, ob man Sport treibt oder nicht. Sportliche Betätigung fördert nur zusätzlich den Verbrauch von Kalorien und kann somit dabei helfen, wenn man etwas zu viel isst, nicht gleich zuzunehmen. Aber man muss bedenken, dass man zwei bis vier Stunden intensives Fitnesstraining benötigt, um die Kalorien von einer Currywurst mit Pommes wegzutrainieren.

Übergewicht trotz Sport?

Dies hört sich für einen Hochleistungssportler komisch an, spiegelt aber nur die Realität wider. Wie konnte sonst mein Gewicht von circa 98 kg auf fast 117 kg zunehmen, obgleich ich täglich circa zwei Stunden Sport im Durchschnitt getrieben habe? Wie kann sonst ein Radprofi Gewichtsprobleme bekommen? An mangelnder Bewegung kann es nicht liegen.

Mit kleinen Zwischenmahlzeiten hat Heißhunger keine Chance.

Bewegung hilft

Bewegung hilft abzunehmen, keine Bewegung ist aber keine Ausrede für Übergewicht. Sport hat viele positive Effekte, beispielsweise stärkt er unser Immunsystem, verbessert die allgemeine körperliche Fitness, erhöht unsere alltägliche Leistungsfähigkeit, fördert unsere psychische und physische Ausgeglichenheit und so weiter. Dafür ist es wichtig, Sport in Maßen zu betreiben und es nicht zu übertreiben. Bevor Sie mit dem Training beginnen, lassen Sie sich am besten zuerst von Ihrem Arzt durchchecken.

Die Bausteine unseres Essens

Ich will versuchen, ein paar Hintergründe unserer Ernährung so einfach zu erklären, dass Sie nicht immer über komplizierte Zusammenhänge nachdenken müssen, sondern ein Gefühl für das »Richtige« entwickeln. Und Sie verstehen gleichzeitig den Hintergrund, warum Eiweiß in meiner Diät so wichtig ist und Kohlenhydrate gezielt ausgewählt werden sollten.

Alles, was wir zu uns nehmen, setzt sich aus vielen Bestandteilen zusammen. So gibt es Kohlenhydrate, Proteine (Eiweiße), Fette, Ballaststoffe, Vitamine, Mineralstoffe und Spurenelemente, von denen ich Ihnen ein paar Details genauer erläutern möchte.

Kohlenhydrate zum Sattessen?

Kohlenhydrate sind sehr wichtig in der Ernährung und für unsere Energiegewinnung von großer Bedeutung. Doch sie sind auch das größte Problem in unserer heutigen Nahrungszusammensetzung. Ein von der Werbeindustrie super geschickter Slogan führte uns leider, teilweise sogar besseren Wissens, in die Falle.

So steht auf Weingummi und Joghurtbonbons »ohne Fett«. Selbst ich erwischte mich in der Vergangenheit dabei, wie ich bei Hunger auf Süßes am Supermarktregal stand und mir sagte: »Ist doch ohne Fett – hier kannst du doch bedenkenlos zugreifen.«

Nur leider ist es nicht das Fett, welches uns fett macht, sondern vor allen Dingen sind es manche Kohlenhydrate, zum Beispiel Zucker, die für unerwünschte »Schwimmringe« sorgen. Die Mischung aus beidem, also Kohlenhydrate in Verbindung mit Fett wie in Pommes oder Chips, ist für die Figur dann der Super-GAU.

Werbefalle »ohne Fett«: Nicht das Fett, sondern der Zucker ist das Problem unserer Ernährung.

Süßes macht hungrig

Schnell resorbierbare Kohlenhydrate, so genannte Mono- und Disaccharide, sind aus ernährungsphysiologischen Gründen ungünstig, besonders bei Diabetes mellitus. Unser Körper kann diese Kohlenhydrate, die zum Beispiel in Haushaltszucker und Weißmehlprodukten enthalten sind, schnell in seine einzelnen Zuckerbausteine aufspalten. Dadurch steigt unser Blutzuckerspiegel rasch an und es wird verstärkt Insulin ausgeschüttet. Das Insulin sorgt dafür, dass die Blutzuckerwerte wieder sinken, doch damit entstehen erneut Hungergefühle.

Dickmacher Insulin

Diesen Zusammenhang mit dem Insulin möchte ich gerne etwas ausführlicher erläutern: Um Zucker in die Zellen zu bekommen und letztlich zu verwerten, braucht er Insulin. Isst man nun etwas Süßes, wird Insulin vermehrt ausgeschüttet und der Zucker wird in die Zellen transportiert. Bei einem gesunden Menschen funktioniert dies einwandfrei. Bei einem Menschen, der durch regelmäßige Fehlernährung oder Überernährung dieses System schon sehr strapaziert hat, funktioniert dies nicht mehr hundertprozentig. Einfach gesagt: Es funktioniert so, dass auf den Reiz Zucker, ebenso wie beim Gesunden, Insulin ausgeschüttet wird, dies aber nicht immer im optimalen Verhältnis.

Wenn der Blutzuckerspiegel wieder normal ist, führt das noch vorhandene Insulin im Blut dazu, dass mehr Zucker in die Zellen gebracht wird als gewollt. Der Blutzuckerspiegel sinkt unter den Normalwert und wir bekommen sofort wieder Hunger, da der Körper diesen Missstand meldet.

Dieses Prinzip greift ebenfalls, wenn ich vor dieser Zuckermahlzeit bereits meinen gesamten Tageskalorienbedarf gedeckt habe. Ich bekomme also Hunger, obgleich es gar keinen Grund dafür gibt. Bei mir ist es so, dass ich, wenn ich morgens zu viele Kohlenhydrate (Zucker) zu mir nehme, den ganzen Tag Hunger habe und ständig essen könnte.

Die guten Kohlenhydrate

Deutlich günstiger sind dagegen langsam resorbierbare Kohlenhydrate wie Stärke, deren Aufspaltung in Monosaccharide eine längere Zeit erfordert, und die nach Mahlzeiten für eine gleichmäßigere Zuckerbereitstellung aus dem Darm sorgen. Sie rufen in der Regel keine gefährlichen Blutzuckerschwankungen hervor und halten daher länger satt.

Sportlernahrung von gestern

In den letzten Jahrzehnten hat der Anteil an Kohlenhydraten in unserer Ernährung stark zugenommen. Vor allem bei Sportlern sind Kohlenhydrate als schnelle Energielieferanten sehr beliebt. Aber selbst Sportler mit einem Verbrauch von über 6 000 Kalorien täglich schaffen es, sich vor allen Dingen durch kohlenhydratreiche Lebensmittel wie Nudeln, Reis und Zusatzriegel außer Form zu bringen.

Studien haben gezeigt, dass man sportliche Betätigungen bis knapp über 90 Minuten gänzlich ohne zusätzliche Aufnahme von Kohlenhydraten absolvie-

Der Fettstoffwechsel

Bei einer Diät wollen wir vornehmlich Fett verlieren. Um dieses Fett abzubauen, muss man den Körper in den Fettstoffwechsel bringen. Reduziert man nun die Kalorien in seiner Ernährung, kommt man irgendwann an einen Punkt, an dem der Körper mehr Kalorien benötigt, als man ihm durch die Ernährung zuführt.

Bevor man allerdings Fett verbrennt, holt sich der Körper Energie aus Proteinen. Dies ist der Grund, warum wir uns in einer Diät schlapp fühlen, denn Muskeln bestehen auch aus Proteinen. Die Aminosäuren in AMformula® sollen dies bei einer Diät unterbinden, wie an anderer Stelle beschrieben.

Nachdem sich der Körper (ohne AMformula®) Energie von den Proteinreserven geholt hat, geht er erst jetzt an die Fettreserven und verbrennt das, was wir eigentlich abnehmen wollen, das Fett.

Ist der Körper gerade bei diesem Fettstoffwechsel angekommen und er bekommt nur einen Bissen von einem Müsliriegel, wird die Fettverbrennung sofort unterbrochen, da wie oben erwähnt, Kohlenhydrate (Zucker) bevorzugt vom Stoffwechsel verwertet werden.

Die Fettreduktion wird also angehalten und ein neues Ankurbeln dauert wieder sehr lange, da der Fettstoffwechsel erst als Letztes vom Körper genutzt wird.

ren kann. Sieht man sich in Fitnessstudios um, wird man feststellen, dass dort viele kohlenhydrathaltige Getränke oder Riegel konsumiert werden, aber keinesfalls jeder über anderthalb Stunden durchgehend in Bereichen von über 120 Herzschlägen pro Minute trainiert. In diesen Getränken oder Riegeln kann dann ruhig L-Carnitin vorhanden sein, es wird nicht helfen, die zugeführten Kalorien zu verbrennen.

Energielieferant Nummer eins

Kohlenhydrate werden vom Körper zu 100 Prozent verwertet. Nehme ich also irgendetwas mit 500 Kalorien in Form von Kohlenhydraten zu mir, werden diese 500 Kalorien komplett aufgenommen. Wichtig für Übergewichtige ist an dieser Tatsache, dass der Körper die Energie aus Kohlenhydraten immer bevorzugt verwertet. Das ist auch der Grund dafür, warum man es schafft, trotz »Hungerns« keine Pfunde zu verlieren.

Isst man, obgleich man eigentlich schon genügend Kalorien zugeführt hat, eine Süßigkeit, steigt zunächst der Insulinspiegel an, der Zucker wird in die Zellen geleitet und daraufhin entsteht gerade bei »Stoffwechselgestörten« eine Unterzuckerung. Diese Unterzuckerung löst ein Hungergefühl aus, obgleich der Körper schon satt ist. So können kleine Naschereien eine ganze Diät zerstören oder zumindest sehr schwer machen.

Fisch ist eine ideale Eiweißquelle, da er nicht nur leicht verdauliches, hochwertiges Eiweiß liefert, sondern auch sehr fettarm ist. Im Rezeptteil dieses Buches werden Sie viele raffinierte Ideen für die Zubereitung von Fisch entdecken.

Powerstoff Eiweiß

In einer Studie aus dem Jahr 2004 wurde gezeigt, dass Aminosäuren, die kleinen Eiweißbausteine, in hoher Konzentration das Muskelwachstum ohne sportliche Betätigung initiieren können. In dieser Untersuchung bekamen die Teilnehmer 28 Tage bei völliger Bettruhe täglich ein Gemisch mit 50 g essentiellen Aminosäuren. Nach vier Wochen zeigten die Personen der Aminosäuregruppe nicht die zu erwartende Abnahme, sondern eine Zunahme der Beinmuskulatur.
Dabei ist der Muskel nicht nur für den Sportler notwendig und wichtig. Gerade auch bei Nichtsportlern ist eine gesunde Muskelfunktion die Grundvoraussetzung für viele wichtige Stoffwechselvorgänge in unserem Körper.

Basiswissen Proteine

Proteine sind Eiweiße, die aus sehr vielen Aminosäuren zusammengesetzt sind (sie sind beispielsweise wesentliche Bestandteile von Fleisch, Fisch, Milch, Käse, Ei)

Peptide sind kurze Aminosäurensequenzen (beispielsweise auch Hormone)

Aminosäuren sind die Bausteine der Proteine und Peptide. Einige Aminosäuren können vom Körper selbst synthetisiert werden, andere dagegen nicht, sie sind »essentiell«.

➜ Essentielle Aminosäuren sind: Arginin, Histidin, Isoleucin, Leucin, Lysin, Methionin, Phenylalanin, Threonin, Thryptophan, Valin.

➜ Nicht-essentielle Aminosäuren sind: Alanin, Asparaginsäure, Glutaminsäure, Glycin, Prolin, Serin, Tyrosin, Zystein.

Der Eiweißstoffwechsel

Eiweiße, die man auch Proteine nennt, sind lange Ketten aus etwa 20 verschiedenen Aminosäuren. Wenn der Körper diese aufnehmen will, muss er sie sofort aufspalten und dadurch die Kettenlänge verkürzen. Die Eiweißverdauung, d. h. der Weg von dem eiweißhaltigen Nahrungsmittel bis zu den Aminosäuren und deren Verwertung durch den Körper, ist ein hoch komplizierter Prozess.
Proteine aus der Nahrung, wie zum Beispiel aus Fleisch oder Fisch, werden im Magen durch Pepsin in der Magensäure in größere Bruchstücke gespalten. Günstig wirkt eine vorherige Denaturierung (Vorverdauung) durch die im Magen ebenfalls gebildete Salzsäure.
Die Bauchspeicheldrüse (Pankreas) schüttet Enzyme in den Dünndarm aus. Diese so genannten Endo- und Exopeptidasen spalten die inneren bzw. äußeren Bindungen der Peptide und zerkleinern diese somit in noch kleinere Bruchstücke.
Die Dünndarmmukosa (Dünndarmschleimhaut) liefert nochmals Enzyme (Dipeptidasen) hinzu, so dass abschließend Aminosäuren entstehen. Die nun erst resorbierten Eiweißabbauprodukte (Aminosäuren und Peptide) gelangen über das Blut (Pfortader) in die Leber.

Abnehmen mit Eiweiß

Bei einer normalen Diät mit verminderter Kalorienzufuhr führt die negative Stickstoffbilanz durch die geringere Zufuhr an Eiweiß zu einem deutlichen Verlust an Muskelmasse. Das ist auch der Grund, warum wir uns bei Diäten oft so schlapp fühlen.
Hat sich die Muskelmasse nach einer Diät verringert, ist auch der Grundumsatz, also unser Energiebedarf für grundlegende Körperfunktionen, deutlich niedriger als zuvor. Dies führt unter anderem zu dem gefürchteten Jojo-Effekt, da der Körper während der Diät gelernt hat, mit einer geringeren Energiezufuhr klarzukommen.

Das bringt AMformula®

Die in AMformula® enthaltenen Proteine sind schon aufgespalten in kürzere Aminosäuresequenzen und werden damit vollständig und schnell aufgenommen. Somit ist die Wirksamkeit an der Zelle viel höher als z. B. bei teilhydrolysiertem Protein oder wie in der normalen Nahrung ungespaltenem Protein. Das Eiweißpräparat ist dabei frei von Cholesterin, Fetten und Kohlenhydraten. Auch Purine, welche Gicht verursachen können, sind nicht enthalten.

Zudem kann AMformula® durch den Zusatz von natürlichem Kelp (Jodlieferant), Lycopin (Antioxidans) sowie Kalium, Magnesium und Kalzium die Diät zusätzlich positiv beeinflussen.

Wer bewusst die normalerweise geringere Eiweißzufuhr bei einer Diät ausgleicht verbrennt effektiv Fettgewebe. Gleichzeitig, und das sind die Vorteile bei dieser Diät, bleibt das für das Immunsystem und den Stoffwechsel wichtige Muskelgewebe, das zudem sehr stoffwechselaktiv ist, erhalten.

Aminosäuren pur

Da die Proteine in AMformula® als Aminosäuren vorliegen, werden diese sofort und effektiv vom Körper im Darm aufgenommen und können somit ohne Verluste wirken.

Als Beispiel nehmen wir einmal ein Gemüse-Putenfleisch-Gericht. Füge ich dort zwei Esslöffel AMformula® hinzu, steigt der Proteingehalt stark an. Dies könnte man auch durch etwas mehr Putenfleisch erreichen, nur im Detail tun sich dann deutliche Unterschiede auf.

Da die Proteine in AMformula® reine Aminosäuren sind, werden diese ohne großartige Abbau- oder Umbauprozesse vom Körper schnell aufgenommen. Durch Zugabe von mehr Fleisch oder ähnlichen proteinhaltigen Nahrungsmitteln kann man zwar auf dem Papier den gleichen Proteingehalt erreichen, aber nicht annähernd eine ähnlich hohe Konzentration an Aminosäuren im Blut. Zudem würde durch eine größere Fleischportion auch der Kaloriengehalt des Gerichtes im Verhältnis noch stärker ansteigen.

Aminosäuren unter der Lupe

Welche Vorteile können Aminosäuren neben der normalen gesunden Ernährung noch bieten?

Glycin und Phenylalanin Die in AMformula® enthaltenen Aminosäuren Glycin und Phenylalanin zügeln den Appetit. Glycinmangel führt im Körper zu Heißhungerattacken. Phenylalanin ist die Aminosäure, die den Appetit und das Hungergefühl regelt und die Stickstoffbilanz ausgleicht.

Leucin Diese Aminosäure ist bedeutend für die körperliche Leistungsfähigkeit und in der Diätphase ein entscheidender Faktor zum Durchhalten. Ein Mangel an Leucin schwächt den ganzen Körper. Leucin stimuliert die Eiweißsynthese, baut also Muskeln auf und hält den Blutzuckerspiegel stabil, was gerade in einer Diät wichtig ist.

Das von mir entwickelte Produkt AMformula® vereint die positiven Eigenschaften der wichtigsten Aminosäuren.

Arginin und Lysin Aus diesen beiden essentiellen Aminosäuren synthetisiert der Körper das Wachstumshormon, welches eine effektive Fettverbrennung bei Erhalt der Muskulatur fördert. Arginin hat

Als kleine Vitaminspritze zwischendurch gibt es bei mir jeden Tag ein Glas frisch gepressten Saft oder fertigen Direktsaft.

aber noch wesentlich mehr zu bieten. Es wird erfolgreich eingesetzt im Frühstadium der Arteriosklerose (Gefäßverkalkung), des Bluthochdrucks, bei gestörten Gefäßfunktionen durch Diabetes mellitus sowie bei erhöhtem Homocysteinspiegel.

Aus Arginin wird Stickstoffmonoxid (NO) gebildet, welches für die Gefäßerweiterung und damit zur Regulation des Blutflusses benötigt wird. Über die Bildung von NO kann Arginin zudem die Regulierung des Zucker- und Blutfettspiegels unterstützen. Untersuchungen haben gezeigt, dass Arginin auch zur Verbesserung der Pumpleistung des Herzes beitragen kann. Zusätzlich zu diesen auch für eine Diät positiven Effekten trägt diese Aminosäure zu einem gut aufgestellten Immunsystem bei.

Prolin Eine weitere wichtige und hochwertige Aminosäure ist das Prolin, welches nach neuesten wissenschaftlichen Erkenntnissen ein wichtiges Substrat für die Synthese von Arginin, Ornithin und Polyaminen ist.

Praxistext bestanden

All diese Zusammenhänge des Eiweißstoffwechsels waren der Grund, warum ich ein hoch dosiertes Aminosäurepräparat zum Abnehmen nutzte. Die Theorie, dass diese Aminosäuren helfen, effektiver und einfacher abzunehmen, ohne dabei Muskelgewebe zu verlieren, wurde in der Realität mehr als bestätigt.

Weiterer Einsatz von Aminosäuren

Für ältere Patienten wichtige Erkenntnisse aus der Forschung mit Aminosäuren, die auch in AMformula® enthalten sind:

- Gefäßschutz durch Arginin
- Stärkung des Immunsystems
- Hautstraffung durch hohen Anteil an Prolin
- Schmerzreduktion bei chronischen Gelenkerkrankungen
- Ausgleich von Mangel- und Minderernährung

Die richtige Diät entscheidet

Die Gerichte in meinem Kochbuch folgen dem Low-Carb-Konzept, weil dies unserer natürlichen genetisch bedingten Ernährung am nächsten steht und nicht, weil ich Kohlenhydrate komplett verdammen möchte. Meine Erfahrung hat gezeigt, dass man, selbst wenn man bewusst mit Kohlenhydraten lebt, immer noch eher zu viele als zu wenige Kohlenhydrate zu sich nimmt. Es gibt verschiedene Low-Carb-Methoden, von denen ich hier zwei vorstelle.

Diätgeheimnis Kohlenhydrate

Zum einen gibt es die Low-Carb-Diät, die unter Atkins auch als Diät mit wenigen Kohlenhydraten und dafür mehr Fett bekannt geworden ist. Laut einer Studie von Samaha FF et al. soll diese Methode bei Menschen mit starkem Übergewicht schneller zu einer Gewichtsreduktion geführt haben als eine Low-Fat-Diät, also eine Diät mit wenig Fett.

Dieser Effekt gilt besonders während der ersten sechs bis zwölf Monate einer Diät, danach ist das Verhältnis wieder relativ ausgeglichen. Bei der normalen Low-Carb-Methode führt die erhöhte Fettaufnahme zu einem früheren Sättigungsgefühl und damit zur Gewichtsabnahme. Die erhöhten Blutfettwerte sind aber als äußerst kritisch zu betrachten und können das Entstehen einer Herzkrankheit oder eines Schlaganfalls begünstigen.

Ich habe vor diesen beiden Erkrankungen so viel Respekt, dass ich auf eine Fettanreicherung meiner Nahrung gerne verzichte. Eine Studie bestätigte dennoch gute langfristige Vorteile der Low-Carb-Methode auf den Zucker- und Fettstoffwechsel, so dass dieses Modell als Grundlage dennoch interessant ist. (Ann Intern Med. 2004; 140: 778–85)

Fettverbrennung berechnen

Fast immer stellt sich mir die Frage: Wie viel Fett kann man an einem Tag verbrennen?

Wenn man eine Diät von 1250 Kcal konsequent durchhält, kommen rechnerisch 140 g Fettverbrennung pro Tag zustande. Mehr Kalorienreduktion ist für längere Zeit nicht zu empfehlen und sollte nur unter ärztlicher Kontrolle erfolgen. Wichtig und auch gegen Hungerattacken sinnvoll ist, auf ausreichend große Trinkmengen (zucker-/kohlenhydratfrei) zu achten.

Alle Rechnerei und Theorie soll uns in diesem Buch aber nicht belasten. Erfolg haben meist die Menschen, die sich motiviert an einfache Vorgaben halten. Das ganze theoretische Wissen, die Möglichkeit alles genau auszurechnen und darüber zu philosophieren hatte mich auch jahrelang nicht weiter gebracht. Erst einfache Grundsätze, die auch in diesem Buch und den Rezepten umgesetzt sind, haben letztendlich mit der nötigen positiven Motivation zu meinem Diäterfolg geführt.

In Internetforen zum Thema Diät geht es nicht anders zu als bei einem Fußballspiel auf der Zuschauertribüne. Es gibt nicht nur einen Trainer, sondern Tausende. Im Endeffekt zählt nicht das blumige Wort, sondern der Erfolg. Erfolg hat man meist dann, wenn man Dinge einfach und nachvollziehbar gestaltet. Je komplizierter man an ein Thema herangeht, desto größer ist die Gefahr zu scheitern.

Alternative Low Fat?

Der reine Verzicht auf Fett mit der Low-Fat-Methode bringt leider nicht immer den gewünschten und sicheren Erfolg. Wenn man nämlich vermehrt über Kohlenhydrate dem Körper Energie zuführt, fördert man nicht die Fettverbrennung, sondern unterbindet diese. Der Körper nimmt sich die Energie zunächst immer erst über das Glykogen (Zucker). Erst wenn die Glykogenspeicher erschöpft sind, wird Fett abgebaut. Die Werbebotschaft auf Süßwaren suggeriert uns durch den Zusatz »ohne Fett« unser Fett abzubauen, in Wirklichkeit aber wird dies sehr effektiv durch den hohen Zuckeranteil unterbunden und macht uns eher fett.

Das bringt die Warnecke-Diät

Meine Diät basiert auf zwei Säulen: Dies ist zum einen die gesunde Ernährung nach der Low-Carb-Methode und zum anderen die Optimierung durch natürliche Arminosäuren. Der Unterschied von meinem Low-Carb-Diätmodell unter der Verwendung hoch dosierter, reiner Aminosäuren zu einer protein- oder fettreichen Diät besteht darin, dass mein Weg wesentlich konsequenter die jeweiligen Vorteile der einzelnen Methoden von den Nachteilen trennt. Wenn Sie sich an die Rezepte in diesem Buch halten, erleiden Sie keinen Mangel an Vitaminen, Spurenelementen oder Mineralien und haben ausreichend Abwechslung auf Ihrem Speiseplan.

Bei frischem Gemüse können Sie bedenkenlos zugreifen und die Rezepte in diesem Buch immer wieder neu kombinieren. Ich war früher kein großer Gemüsefan, aber ich habe entdeckt, wie man Gemüse richtig super zubereiten kann.

So hilft Ihnen dieses Buch

Die in diesem Kochbuch enthaltenen Rezepte sollen Ihnen helfen, ohne viel komplizierte Theorie Ihr Wunschgewicht zu erreichen und vor allen Dingen dann auch zu halten. Dieser zweite Punkt ist normalerweise die viel schwierigere Aufgabe. Einfach und abwechslungsreich, so sollte es sein – und natürlich darf der Geschmack nicht zu kurz kommen. Wenn das gegeben ist, können Sie Ihr Gewicht auf Dauer kontrollieren.

Ganz ohne Regeln geht es bei einer Diät, die Erfolg haben soll, leider nicht. Aber es gilt, diese Regeln so einfach wie möglich zu halten, damit die Umstellung der Ernährung im Alltag problemlos funktioniert.

Einfache Formel zum Abnehmen

1. Kalorien reduzieren und weniger aufnehmen als man verbraucht,
2. auf Kohlenhydrate achten,
3. in der Reduktionsphase die Nahrung am besten mit AMformula® optimieren.

Energiezufuhr individuell anpassen

Der Grundumsatz ist die Energiemenge, die jeder Mensch zum Leben braucht – ganz ohne sich zu bewegen. Diese Energiemenge hängt vom Alter ab, davon, ob man ein Mann oder eine Frau ist, und auch vom Körpergewicht. Der Grundumsatz ist also bei jedem Menschen sehr verschieden. Zusätzlich zum Grundumsatz benötigen wir für Bewegungen aller Art Energie, sei es beim Sport oder beim Fensterputzen – schließlich schlafen wir nicht den ganzen Tag. Da der Energiebedarf bei jedem ganz anders ausschaut, rechne ich Ihnen auch nicht die Kalorienmengen bei den Rezepten aus. Für den einen sind 500 Kalorien viel, für den anderen lächerlich wenig.

Die Gerichte in diesem Kochbuch sind speziell auf das AMformula®-Diätkonzept abgestimmt und unterstützen den dauerhaften Erfolg.

Abwechslungsreich genießen

Alle Rezepte, die ich Ihnen in diesem Kochbuch vorstelle, können Sie natürlich auch leicht variieren oder nach Ihrem persönlichen Geschmack würzen. Bei manchen Rezepten finden Sie bereits konkrete Hinweise für Varianten, um Ihren Küchenalltag vielseitig zu gestalten. Die Zusammenstellung zwischen Kohlenhydraten aus Nudeln, Reis und Kartoffeln sowie Proteinen aus Fleisch und Fisch sollte in etwa so bleiben, wie es in den Rezepten beschrieben ist, damit das Low-Carb-Prinzip eingehalten werden kann. Diese Grundregel der geringen Kohlenhydratzufuhr habe ich auf den vorangegangenen Seiten genauer vorgestellt. Auf ihr basiert mein Abnahmeerfolg, der sicherlich auch Ihnen weiterhilft.

Die Phasen der Warnecke-Diät

Die Diät gliedert sich in eine kürzere Reduktionsphase und eine längere Haltephase. In der Reduktionsphase wird schnell das meiste Gewicht verloren. Die für den dauerhaften Erfolg wichtigere Haltephase sorgt dafür, dass Sie auch auf Dauer mit Ihrer Diät bzw. Ernährungsumstellung Erfolg haben. Aus diesem Grund sind alle Gerichte in diesem Buch für die Haltephase optimiert.

Einstieg in die Warnecke-Diät

Beginnen Sie Ihre Diät mit einer konsequenten Abnehmphase, bei der die Energiezufuhr deutlich eingeschränkt ist. Diese Diätphase, in der stark Gewicht reduziert wird, sollte vier bis maximal acht Wochen betragen. Ein Gewichtsminus von circa 1 kg pro Woche sollten Sie anstreben. Durch die Stoffwechselumstellung in dieser Phase werden die Grundsteine für die folgenden Monate gelegt.
Sinn dieser Phase ist es, deutlich weniger Kalorien zuzuführen als verbraucht werden. Der Erhalt des Muskelgewebes ist gerade für Nichtsportler wichtig, da dieses nach der Diät den Grundumsatz weiter normal hält und so den Jojo-Effekt verhindert.

So dosieren Sie AMformula® optimal:

- Morgens 1–2 Esslöffel/Messlöffel
- Mittags 1 Esslöffel/Messlöffel
- Abends 1–2 Esslöffel/Messlöffel
- Vor dem Schlafen 1 Esslöffel/Messlöffel

Den Messlöffel für die richtige Dosierung finden Sie in der Dose.

Die Gesamtdosierung von 6 Esslöffeln pro Tag ist für Menschen, die zusätzlich Sport treiben oder sich schwer körperlich betätigen. Die Dosierung von 4 Esslöffeln pro Tag ist für Menschen, die keinen Sport treiben und einer normalen Betätigung nachkommen, also zum Beispiel im Büro den ganzen Tag sitzend zubringen.

So sieht ein Diättag aus

In der Reduktionsphase nehmen Sie sich morgens ein beliebiges Gericht aus dem Kapitel »Fit in den Tag starten« und abends nach der Arbeit eines aus »Hauptsache Eiweiß« oder »Aus Wok und Suppentopf«. Mittags essen Sie dann nur einen fettreduzierten Joghurt oder einen kleinen Salat mit etwas Essig-Öl-Dressing. Aber bitte keine Croûtons auf den Salat streuen oder Weißbrot dazu essen, diese haben zu viele ungünstige Kohlenhydrate.

Gewichtsverlauf checken

Je nachdem, wie schnell Sie abnehmen, können Sie die Speisemengen variieren, um die Kalorien an Ihren persönlichen Stoffwechselumsatz anzupassen. Wiegen Sie sich am besten zweimal pro Woche. So können Sie kontrollieren, dass Sie etwa 1 kg pro Woche, aber nie mehr als 2 kg in einer Woche abnehmen, aber natürlich trotzdem Ihrem Wunschgewicht Schritt für Schritt näher kommen.

Frische Kräuter peppen die Diätküche optimal auf.

Mit Eiweiß ans Ziel

Um Ihre Muskeln in dieser Phase zu schützen, können Sie – insbesondere, wenn Sie viel Gewicht verlieren möchten –, Ihre Diät mit meinem Eiweißpulver ergänzen. Zudem unterdrückt es den Hunger und regt den Stoffwechsel an. Sie werden sich trotz der Reduktion fit und konzentriert fühlen.

Die Rezepte können auf Dauer nach Erreichen des Wunschgewichtes auch ohne zusätzliche Substitution angewandt werden und ermöglichen eine einfache Gewichtskontrolle. Kleinere Gewichtsschwankungen lassen sich auch nur mit den Rezepten gut unter Kontrolle bringen.

Ergänzung durch Sport

Wenn Sie zeitgleich mit dem Diätbeginn anfangen, Sport zu treiben, kann es sogar durch die höhere Eiweißzufuhr bei der Diät zu einem Gleichbleiben des Gewichtes auf der Waage kommen, da Sie dann erst Muskelmasse aufbauen und diese gegen das verbrannte Fett gerechnet wird. Sie haben dann nach zwei Wochen vielleicht das gleiche Gewicht auf der Waage, aber 2 kg Fett weniger. Das etwas Mehr an Muskel wird Ihnen dann auf Dauer helfen, sich fitter zu fühlen, das Immunsystem zu unterstützen und vor allem auch mehr Kalorien im Grundumsatz zu verbrauchen, was dem Jojo-Effekt entgegenwirkt.

Gewicht auf Dauer halten und gesund genießen

Die Haltephase ist die längere und wichtigste Phase einer Diät. Sie ist nötig, um den Körper an das neue Gewicht zu gewöhnen und die leeren Fettzellen umzubauen. Hier liegt der Grundstein für einen dauerhaften Diäterfolg. Aus diesem Grund sind alle Gerichte in diesem Buch für die Haltephase optimiert. Eigentlich sollte ich hier gar nicht mehr von Diät sprechen, sondern von einer langfristigen Ernährungsumstellung, denn um nichts anderes geht es.

Wenn Sie Ihr Ziel erreicht haben, werden Ihnen die Rezepte helfen, auch für später immer den richtigen Nahrungsmix zu finden. Nach dem Erreichen Ihres Wunschgewichtes oder bei Unterbrechung der Diät orientieren Sie sich an den Rezepten in vollem Umfang. Sie können nun Frühstück, Mittagessen, Abendessen und auch mal eine Zwischenmahlzeit aus diesem Kochbuch beliebig kombinieren.

Oft hat sich gezeigt, dass auch in dieser Phase noch weiter Gewicht reduziert wird. Sie sollten aber nicht mehr als 1/2 bis maximal 1 kg pro Woche abnehmen.

Wichtig ist vor allem, dass Sie in den ersten Monaten nach der erfolgreichen Reduktionsphase nicht mehr zu sehr mit dem Gewicht schwanken, damit sich der Körper und vor allem die Fettzellen an den neuen Zustand gewöhnen können. Falls die Waage wieder nach oben geht, können Sie einfach die Rezepte mengenmäßig etwas reduzieren.

Fettzellen neu polen

Nach der Reduktion sind die Fettzellen noch nicht weg, sondern nur leer. Wie ein trockener Schwamm warten sie nur darauf, jede überflüssige Kalorie direkt wieder für schlechtere Zeiten (wie in der Reduktionsphase) zu speichern. Erst wenn Sie mindestens sechs Monate sehr genau auf Gewichtsschwankungen achten, haben Sie den Kampf gewonnen.

Die Haltephase ist der Schlüssel zum dauerhaften Erfolg. Danach ist die Diät geschafft.

Nach der erfolgreichen Reduktionsphase und der absolvierten Haltephase werden Ihnen meine Gerichte einen Leitfaden zur gesunden, abwechslungsreichen und gut schmeckenden Ernährung geben. Diese Gerichte sind keine Restriktionen und beinhalten auch keine Verbote. Sie werden sehen, dem dauerhaften Erfolg steht nichts mehr im Wege.

Eiweiß bei Bedarf

Nach der Haltephase und dem Erreichen Ihres Wunschgewichtes können Sie auf die Eiweißsubstitution verzichten. Falls Sie das Pulver verwendet haben, reduzieren Sie langsam die Dosierung, am besten in einem Zeitraum von zwei Wochen. Bei erhöhter körperlicher Aktivität oder Abgeschlagenheit können Sie zusätzlich zur gesunden Ernährung bis zu vier Esslöffel täglich zur Optimierung einnehmen.

Jetzt wünsche ich Ihnen viel Erfolg auf dem Weg raus aus der Diätenfalle.

Ihr

Die Phasen im Überblick

Reduktionsphase

- strenge Phase
- 3 Mahlzeiten pro Tag
- man muss auch mal »hungern«
- durchhalten, bis das gewünschte Gewicht erreicht ist – etwa vier bis acht Wochen
- falls das Gewicht nicht um 1 kg pro Woche sinkt, die Portionsgrößen reduzieren und mehr bewegen
- die Rezepte in diesem Buch unterstützen die Diät, da sie bei geringem Energiewert viel Eiweiß und wenige Kohlenhydrate enthalten
- je mehr Sie abnehmen möchten, desto eher sollten Sie die Diät durch AMformula® ergänzen
- die positiven Effekte der eiweißbetonten Diät werden durch das Arminosäurenpulver verstärkt

Haltephase

- lockere Phase
- die Arminosäuren werden geringer dosiert und zum Ende hin abgesetzt
- versuchen Sie, Ihr neu gewonnenes Gewicht zu halten und steuern Sie, falls nötig, durch kleinere Portionen gegen
- die Rezepte sind genau für diese Phase konzipiert – wenn das Gewicht passt und Sie nicht wieder zunehmen, können Sie die Portionen vergrößern

Fit in den Tag starten

Prima, wenn das Frühstück zu Ihrem morgendlichen Standardprogramm gehört. Denn damit schließen Sie Leistungstiefs von vornherein aus. Frisches Obst, Vollkornbrot und leichter Aufschnitt sorgen dabei jeden Tag aufs Neue für Abwechslung. Wer um diese Uhrzeit noch nichts essen mag, verschiebt das Frühstück um ein paar Stunden auf den späteren Vormittag.

Orangen-Möhren-Drink

für 2 Portionen

1 EL Sonnenblumenkerne
2–3 Orangen
1 Stück frischer Ingwer (10 g)
250 ml Möhrensaft
1 EL Zitronensaft
1 TL Honig

Zubereitungszeit: 15 min

Zubereitung

1. Die Sonnenblumenkerne hacken und in einer beschichteten Pfanne ohne Fett rösten. Herausnehmen und abkühlen lassen.

Dieser fruchtige Frühstücks-Cocktail liefert die wichtigen antioxidativen Vitamine Beta-Karotin, C und E.

2. Die Orangen auspressen; es sollten etwa 200 Milliliter Saft entstehen. Ingwer schälen und fein reiben. Ingwer, Orangensaft, Möhrensaft, Zitronensaft und Honig in einem Standmixer aufschlagen. Den Drink in Gläser füllen und mit den Sonnenblumenkernen bestreuen.

Tipp Wenn's mal schnell gehen muss am Morgen, kann man auch fertigen Orangensaft verwenden. Dabei möglichst auf Direktsaft statt auf Orangensaft aus Konzentrat zurückgreifen.

Beerendrink

Zubereitung

1. Die Limette unter heißem Wasser gründlich waschen, mit einem Küchentuch trockenreiben und von der Hälfte der Limette die Schale fein abreiben.

2. Limettenschale, tiefgekühlte Heidelbeeren und Himbeeren, Kefir und Honig in einen Standmixer geben und gut pürieren. Alternativ die Zutaten in einen hohen Rührbecher geben und mit einem Pürierstab pürieren. Den Beerendrink in zwei Gläser gießen und sofort servieren.

für 2 Portionen

1 Limette
100 g Heidelbeeren, tiefgekühlt
100 g Himbeeren, tiefgekühlt
400 g Kefir (1,5 % Fett)
3 TL Honig

Zubereitungszeit: 10 min

Tipp Der Beerendrink eignet sich auch als fruchtig-leichtes Dessert im Sommer, zum Beispiel als Abschluss des Grillabends mit Freunden. Die angegebene Menge reicht dann für vier Personen.

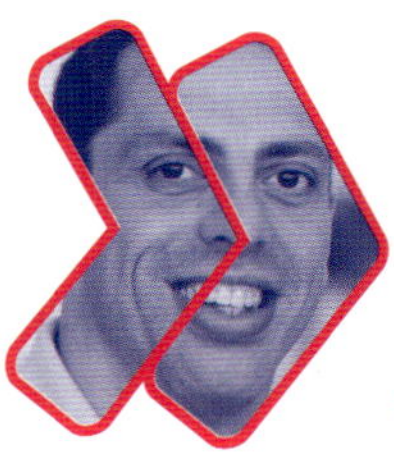

Die Mischung aus Heidelbeeren und Himbeeren schmeckt mir persönlich am besten. Sie können aber natürlich auch eine Früchtemischung aus dem Tiefkühlregal verwenden oder mit anderen Beeren experimentieren.

Exotischer Kokosjoghurt

für 2 Portionen

1 EL Kokosraspel
1 reife Papaya (300 g)
1 rosa Grapefruit
1/4 Cantaloupe-Melone (ca. 250 g)
1 Limette
300 g Vollmilchjoghurt
100 g Dickmilch (1,5 % Fett)
50 ml ungesüßte Kokosmilch (Dose)
2 TL Honig

Zubereitungszeit: 25 min

Zubereitung

1. Die Kokosraspel in einer beschichteten Pfanne ohne Fett goldbraun rösten. Herausnehmen und auskühlen lassen.

2. Die Papaya halbieren, entkernen, schälen und in Streifen schneiden. Die Grapefruit dick schälen, dabei die weiße Haut mit entfernen. Grapefruit erst in dicke Scheiben, dann in Stücke schneiden. Die Melone entkernen, schälen und würfeln.

3. Die Limette heiß waschen, abtrocknen und die Hälfte der Schale fein abreiben. Limette halbieren und auspressen. Limettensaft und -schale mit den vorbereiteten Früchten mischen.

Milchprodukte wie Joghurt und Dickmilch enthalten wichtiges, leicht verdauliches Eiweiß und gehören nicht nur bei Sportlern jeden Tag dazu.

4. Joghurt, Dickmilch, Kokosmilch und Honig verrühren und in zwei Schälchen füllen. Die Früchte darauf anrichten und mit den gerösteten Kokosraspeln bestreuen.

Zimtdickmilch mit Orangen

für 2 Portionen

1 EL Mandelkerne (15 g)
2 EL kernige Haferflocken (20 g)
2 Orangen
300 g Dickmilch (1,5 % Fett)
50 ml Milch (1,5 % Fett)
gemahlener Zimt
2 TL Ahornsirup

Zubereitungszeit: 20 min

Zubereitung

1. Die Mandeln hacken und mit den Haferflocken in einer beschichteten Pfanne ohne Fett goldbraun rösten. Herausnehmen und auf einem Teller auskühlen lassen.

2. Die Orangen dick schälen, die weiße Haut mit entfernen. Die Orangenfilets mit einem scharfen Messer zwischen den Trennhäuten herausschneiden, den Saft dabei auffangen.

3. Dickmilch, Milch und 2 Esslöffel des aufgefangenen Orangensafts verrühren. Mit Zimt würzen und den Ahornsirup unterrühren. Die Dickmilch in zwei Schälchen füllen und mit den Orangenfilets und der Haferflocken-Mandelmischung servieren.

Tipp Die Haferflocken-Mandelmischung können Sie gut auf Vorrat zubereiten. Nach dem Auskühlen in einem Schraubglas aufbewahrt, bleibt sie eine Woche frisch.

Hüttenkäseschnitten

Zubereitung

1. Die Sesamsamen in einer beschichteten Pfanne ohne Fett goldbraun rösten. Herausnehmen und auskühlen lassen.

2. Den Apfel waschen. Um das Kerngehäuse herum auf einer Haushaltsreibe grob raspeln. Apfelraspel mit Zitronensaft mischen. Die Möhre waschen, schälen und ebenfalls grob raspeln.

3. Hüttenkäse und Senf verrühren und mit Salz und Pfeffer abschmecken. Die Creme auf die Brotscheiben verteilen. Apfel- und Möhrenraspel darauf geben und mit Sesamsamen bestreuen.

Tipp Wer es nicht so würzig mag, verwendet statt des scharfen Dijon-Senfs eine mittelscharfe Senfsorte.

für 2 Portionen

- 1 TL geschälte Sesamsamen
- 1 kleiner rotschaliger Apfel (100 g)
- 1 TL Zitronensaft
- 1 Möhre (60 g)
- 100 g Hüttenkäse (0,8 % Fett)
- 1/2 TL Dijon-Senf
- Salz
- Pfeffer
- 2 Scheiben Vollkornbrot (à 50 g)

Zubereitungszeit: 20 min

Das Rezept funktioniert übrigens auch prima mit Frischkäse – der fettarmen Sorte mit Joghurt. Die körnige Struktur ist ja nicht jedermanns Sache.

Ei-Gemüse-Türmchen

für 2 Portionen

2 Eier
1/4 Bund Schnittlauch
1 EL Magerquark (20 g)
1 EL leichte Salatcreme (20 g; 15 % Fett)
1 TL Tomatenmark
Salz
Pfeffer
Cayennepfeffer
2 Tomaten
2 Scheiben Schnittkäse (à 15 g; 5 % Fett absolut)
2 Scheiben Hafervollkornbrot balance (à 50 g)

Zubereitungszeit: 20 min

Zubereitung

1. Die Eier in Wasser in etwa 10 Minuten hart kochen. Anschließend kalt abschrecken und pellen.

2. Den Schnittlauch waschen, trockenschütteln und in feine Röllchen schneiden. Quark, Salatcreme, Tomatenmark und Schnittlauch, bis auf einige Röllchen zum Bestreuen, verrühren. Mit Salz, Pfeffer und Cayennepfeffer abschmecken.

3. Die Tomaten waschen, putzen und in Scheiben schneiden. Die Käsescheiben halbieren. Die Eier in je 4 Scheiben schneiden. Die Brotscheiben mit Quarkcreme bestreichen und jeweils vierteln. Mit je 1 Tomaten-, Käse- und Eischeibe belegen. Mit dem restlichen Schnittlauch und etwas Pfeffer bestreuen.

Tipp Hafervollkornbrot enthält viele Ballaststoffe, die sich positiv auf den Cholesterinspiegel auswirken und die Verdauung anregen. Wichtig: Wer viele Ballaststoffe isst, sollte mindestens 1,5 Liter am Tag trinken.

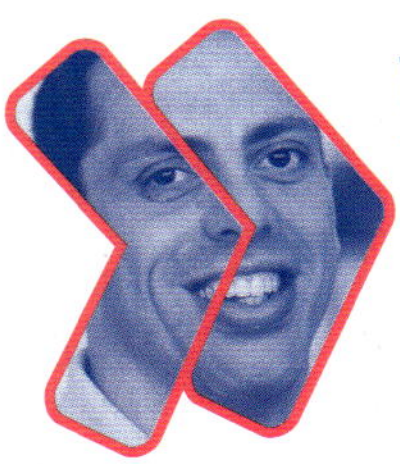

Ich bin kein Fan von Marmeladenbrötchen. Mit den herzhaften Schnitten bleibe ich länger satt und bin fitter.

Forellencreme

für 2 Portionen

100 g geräuchertes Forellenfilet
100 g Frischkäse (5 % Fett absolut)
2 TL Meerrettich (aus dem Glas)
Salz
Pfeffer
1 Frühlingszwiebel (30 g)
2 Salatblätter, z. B. Lollo bionda
200 g Cocktailtomaten
2 Scheiben Vollkornbrot (à 40 g)

Zubereitungszeit: 20 min

Zubereitung

1. Das Forellenfilet mit einer Gabel in Stücke zupfen, mit dem Frischkäse in einen hohen Rührbecher geben und pürieren. Den Meerrettich unterrühren. Mit Salz und Pfeffer abschmecken.

Viel Eiweiß, wenig Fett: Fisch ist einfach der Top-Kandidat in meiner Küche.

2. Die Frühlingszwiebel putzen, waschen und in Ringe schneiden. Die Salatblätter putzen, waschen und trockenschütteln. Die Tomaten waschen und halbieren.

3. Den Salat auf zwei Teller legen. Die Forellencreme darauf geben und mit den Frühlingszwiebelringen bestreuen. Die Tomaten dazulegen und nach Bedarf salzen und pfeffern. Mit Vollkornbrot servieren.

Tipp Achten Sie beim Einkauf auf das Etikett und greifen Sie möglichst nicht bei Sahnemeerrettich, sondern bei einfachem, tafelfertigem Meerrettich aus dem Glas zu.

Leichter Obatzter

Zubereitung

1. Den Camembert in Stücke schneiden. Camembert und Butter auf einem Teller mit einer Gabel fein zerdrücken. Die Zwiebel abziehen und fein würfeln. Zwiebelwürfel unter die Käsemasse rühren und diese mit Salz, Pfeffer, Paprikapulver und Kümmel abschmecken.

2. Die Radieschen waschen, putzen und in Scheiben oder Viertel schneiden. Den Schnittlauch waschen, trockenschütteln und in feine Röllchen schneiden.

3. Das Brot mit dem Obatzten bestreichen und mit Schnittlauch bestreuen. Die Radieschen dazu reichen.

für 2 Portionen

125 g reifer Camembert, z. B. Fit & Leicht + Calcium (9 % Fett absolut)

20 g Halbfettbutter

1 Zwiebel

Salz

Pfeffer

edelsüßes Paprikapulver

Kümmel

1 Bund Radieschen

1/2 Bund Schnittlauch

2 Scheiben Vollkornbrot (à 50 g)

Zubereitungszeit: 20 min

Tipp Obatzter lässt sich wunderbar in einem verschließbaren Gefäß mitnehmen und ist damit ideal für den Mittagsimbiss im Büro oder für ein Picknick am Wochenende.

Obatzter gehört für meine Eltern immer zu einer zünftigen Brotzeit dazu. Dass dies hier eine fettarme Variante ist, hat noch keiner gemerkt …

Spiegeleier auf Paprika-Pilz-Gemüse

für 2 Portionen

1 rote Zwiebel

250 g Champignons

je 1 rote und gelbe Paprikaschote (à 200 g)

1 EL Olivenöl

3 Stängel Thymian

Salz

Pfeffer

edelsüßes Paprikapulver

4 Eier

Zubereitungszeit: 30 min

Zubereitung

1. Die Zwiebel abziehen und in Streifen schneiden. Die Champignons putzen, mit einem feuchten Küchenpapier abreiben und in Scheiben schneiden. Die Paprikaschoten waschen, von Kernen und Trennhäuten befreien und in dünne Streifen schneiden.

2. Das Olivenöl in einer beschichteten Pfanne erhitzen. Die Zwiebel darin anbraten. Champignons und Paprikaschoten zufügen und etwa 5 Minuten unter Rühren braten.

3. Den Thymian waschen, trockenschütteln und hacken. Das Gemüse mit Thymian, Salz, Pfeffer und Paprikapulver würzen. Mit einem Löffel vier Mulden in das Gemüse drücken. Die Eier einzeln aufschlagen und 1 Ei in jede Mulde geben. Die Eier zugedeckt in 5 Minuten stocken lassen.

Das Gemüse mit Spiegeleiern ist mein Favorit, wenn ich einen anstrengenden Tag vor mir habe. Besonders klasse finde ich, dass die Paprikaschoten so schön knackig sind und durch das kurze Garen noch voller Vitamine stecken.

Gefülltes Vollkornbrötchen

Zubereitung

1. Die Brötchen waagerecht halbieren. Das weiche Innere herauslösen und in wenig Wasser einweichen.

2. Die Zwiebel abziehen und fein würfeln. Die Paprikaschote waschen, von Kernen und Trennhäuten befreien und in feine Würfel schneiden. Den Backofen auf 200 °C vorheizen.

3. Das Brötcheninnere ausdrücken. Mit Hackfleisch, Quark, Senf, Paprikawürfeln und Zwiebel verkneten. Mit Salz, Pfeffer und Paprikapulver würzen. Die Masse in den Brötchenhälften verteilen und mit jeweils 1 Mozzarellascheibe belegen. Im vorgeheizten Backofen (Umluft: 180 °C, Gas: Stufe 3–4) etwa 15 Minuten backen.

Tipp Da Hackfleisch leicht verderblich ist, sollten Sie es spätestens am folgenden Tag nach dem Einkauf verarbeiten. Bis zur Zubereitung das Fleisch gut verpackt im Kühlschrank aufbewahren.

für 2 Portionen

2 Vollkornbrötchen (à 50 g)
1 kleine Zwiebel
1 rote Paprikaschote (170 g)
200 g Rinderhackfleisch
40 g Magerquark
1 TL mittelscharfer Senf
Salz
Pfeffer
edelsüßes Paprikapulver
4 Scheiben Mozzarella (50 g; 30 % Fett i. Tr.)
etwas Petersilie

Zubereitungszeit: 15 min
Backzeit: 15 min

Räucherlachsröllchen

für 2 Portionen

40 g Frischkäse (5 % Fett absolut)

Salz

Pfeffer

Currypulver

1 Stück Salatgurke (150 g)

1/2 Bund Dill

150 g Räucherlachs (in Scheiben)

2 Scheiben Vollkornbrot (à 40 g)

Zubereitungszeit: 20 min

Zubereitung

1. Den Frischkäse in einer kleinen Schüssel cremig rühren und mit Salz, Pfeffer und Currypulver abschmecken.

2. Die Gurke waschen, schälen und längs halbieren. Die Kerne mit einem Teelöffel herausschaben. Die Gurke grob raspeln. Den Dill waschen, trockenschütteln und fein schneiden.

Die Räucherlachsröllchen kommen auf den Frühstückstisch, wenn ich Besuch habe – aber nicht nur dann …

3. Die Räucherlachsscheiben einzeln auf jeweils ein Stück Frischhaltefolie legen und mit der Frischkäsecreme bestreichen. Mit Gurkenraspeln und Dill bestreuen und jeweils mit Hilfe der Folie aufrollen. Vorsichtig aus der Folie lösen und auf einem Teller anrichten. Vollkornbrot nach Belieben im Toaster rösten und zu den Räucherlachsröllchen reichen.

Tipp Bei Käse kann man durch die richtige Auswahl viel Fett einsparen. Frischkäse mit einem absoluten Fettgehalt von 5 Prozent hat im Vergleich zu Doppelrahmfrischkäse pro 100 Gramm rund 26 Gramm weniger Fett.

Gazpacho-Drink

für 2 Portionen

1 kleine Knoblauchzehe
1 Stück Salatgurke (100 g)
1 kleine rote Paprikaschote (120 g)
400 ml Tomatensaft
1 TL Olivenöl
1 Prise Kreuzkümmel
Salz
Pfeffer

Zubereitungszeit: 15 min

Zubereitung

1. Den Knoblauch abziehen und durch die Presse drücken. Die Gurke waschen, schälen und in feine Würfel schneiden. Die Paprikaschote waschen, von Kernen und Trennhäuten befreien und ebenfalls fein würfeln. 2 Teelöffel Gemüsewürfel zum Bestreuen beiseite legen.

2. Tomatensaft, Gemüsewürfel und Olivenöl in einem Standmixer pürieren. Mit Kreuzkümmel, Salz und Pfeffer abschmecken und in Gläser füllen. Mit den restlichen Gemüsewürfeln bestreuen.

Variante Den Gazpacho können Sie auch als kalte Vorspeise bei einem sommerlichen Menü servieren. Verwenden Sie dann statt Tomatensaft eine große Dose geschälte Tomaten einschließlich Saft, so wird der Gazpacho etwas sämiger.

Tipp Statt im Standmixer lässt sich der Gazpacho-Drink auch in einem hohen Rührbecher mit dem Pürierstab pürieren. Achtung: Es spritzt leicht!

Der Gazpacho-Drink ist eine gute Zwischenmahlzeit, wenn es mal schnell gehen muss.

Kräuter-Lassi

Zubereitung

1. Kerbel und Schnittlauch waschen und trockenschütteln. Die Kerbelblättchen abzupfen und grob hacken. Den Schnittlauch in feine Röllchen schneiden. Einige Kräuter zum Bestreuen beiseite legen.

2. Joghurt, Mineralwasser und Kräuter in einen Standmixer geben und gut durchmixen. Mit Zitronensaft, Salz und Cayennepfeffer würzen. Das Lassi in zwei Gläser füllen und mit den restlichen Kräutern bestreut sofort servieren.

für 2 Portionen

1/2 Bund Kerbel

1/4 Bund Schnittlauch

250 g Magermilchjoghurt

250 ml Mineralwasser mit Kohlensäure

1 TL Zitronensaft

Salz

Cayennepfeffer

Zubereitungszeit: 10 min

Mango-Lassi kennt sicherlich jeder vom indischen Restaurant. Ich mag diese herzhafte Variante aber viel lieber – auf Süßes stehe ich nicht so sehr.

Tipp Joghurt, Mineralwasser und Kräuter nur kurz im Standmixer durchmixen, damit die Kohlensäure nicht entweicht und das Lassi schön luftig und schaumig bleibt.

Aus Wok und Suppentopf

Alles aus einem Topf – so lautet die Devise in diesem Kapitel. Wir machen dabei eine kleine kulinarische Weltreise vom typisch deutschen Eintopf über mediterrane Pfannengerichte bis zum fernöstlichen Wok-Gericht. Hauptsache, frisches Gemüse, mageres Fleisch und fettarmer Fisch spielen die Hauptrollen. Dann steht dem gesunden Genuss nichts im Wege.

Blumenkohl-Meerrettich-Cremesuppe

für 2 Portionen

2 Zwiebeln
1 kleiner Blumenkohl (750 g)
1 EL Olivenöl
600 ml Gemüsebrühe
Salz
Pfeffer
1 EL geschälte Sesamsamen
1/2 Scheibe Pumpernickel (25 g)
3 Frühlingszwiebeln (100 g)
30 g Radieschensprossen
3 TL Meerrettich (aus dem Glas)
geriebene Muskatnuss
100 g Crème balance flüssig (7,5 % Fett)

Zubereitungszeit: 35 min

Zubereitung

1. Die Zwiebeln abziehen und fein würfeln. Den Blumenkohl putzen, waschen und in kleine Röschen teilen. Das Öl in einem Topf erhitzen und die Zwiebeln darin anbraten. Blumenkohl zufügen und kurz mit anbraten. Mit Brühe ablöschen und aufkochen. Mit Salz und Pfeffer würzen und zugedeckt 15 Minuten leise kochen lassen.

2. Die Sesamsamen in einer beschichteten Pfanne ohne Fett rösten. Herausnehmen und auskühlen lassen. Den Pumpernickel in feine Würfel schneiden und ebenfalls ohne Fett in der Pfanne rösten.

3. Die Frühlingszwiebeln putzen, waschen und in feine Ringe schneiden. Die Sprossen waschen und gut abtropfen lassen.

4. Einige Blumenkohlröschen mit einer Schaumkelle aus der Brühe heben. Übrigen Blumenkohl in der Brühe pürieren. Die Suppe mit Meerrettich, Muskat, Salz und Pfeffer abschmecken. Die Crème balance einrühren. Die Suppe anrichten und mit Radieschensprossen, Sesamsamen und Pumpernickelwürfeln bestreuen.

Tipp Crème balance ist eine sinnvolle Alternative zu Sahne, die mit 30 Prozent Fett das Vierfache an Fett enthält. Geschmacklich macht dies keinen großen Unterschied.

Italienische Gemüsesuppe

Zubereitung

1. Den Fenchel waschen, putzen und in Streifen schneiden, das zarte Grün beiseite legen. Die Möhren schälen, putzen und in Scheiben schneiden. Den Knoblauch abziehen und durch die Presse drücken.

2. Das Olivenöl in einem Topf erhitzen und den Knoblauch darin anbraten. Fenchel und Möhren zugeben. Mit der Brühe ablöschen und aufkochen. Nudeln und Bohnen zufügen, die Suppe mit Salz und Pfeffer würzen und zugedeckt 10 Minuten kochen.

3. Den Zucchino waschen, putzen und würfeln. Die Würfel in die Suppe geben und weitere 5 Minuten kochen.

4. Basilikum und Fenchelgrün waschen, trockenschütteln und die Blättchen hacken. Den Käse mit einem Sparschäler in Hobel schneiden. Die Suppe mit Salz und Pfeffer abschmecken und anrichten. Jeweils 1 Teelöffel Pesto darauf geben und mit Basilikum, Fenchelgrün und Käse bestreuen.

für 2 Portionen

1 kleine Fenchelknolle (150 g)
2 Möhren (100 g)
1 Knoblauchzehe
2 EL Olivenöl
600 ml Gemüsebrühe
40 g Vollkornnudeln (Spiralen)
100 g Brechbohnen, tiefgekühlt
Salz
Pfeffer
1 Zucchino (175 g)
1/2 Bund Basilikum
20 g Grana Padano, am Stück
2 TL Pesto rosso (aus dem Glas)

Je nachdem, was ich gerade im Kühlschrank habe, variiere ich die Suppe auch gerne mit anderen Gemüsesorten.

Mediterrane Tomatensuppe

für 2 Portionen

2 Schalotten
2 Knoblauchzehen
1 Stange Staudensellerie (50 g)
2 EL Olivenöl
1 Dose Tomaten (800 g)
100 ml Gemüsebrühe
Salz
Pfeffer
1 EL Pinienkerne
100 g Frischkäse (5 % Fett absolut)
3 Stängel Basilikum
1 EL Aceto balsamico
1 TL Honig
1 TL Pesto (aus dem Glas)

Zubereitungszeit: 30 min

Zubereitung

1. Die Schalotten und den Knoblauch abziehen und würfeln. Den Sellerie waschen, putzen und ebenfalls würfeln. Das Öl in einem Topf erhitzen und Schalotten, Knoblauch und Sellerie darin 10 Minuten anbraten. Mit Tomaten und Brühe ablöschen, aufkochen und mit Salz und Pfeffer würzen. Die Suppe 10 Minuten zugedeckt bei mittlerer Hitze kochen. Mit dem Schneidstab pürieren.

2. Die Pinienkerne in einer Pfanne ohne Fett rösten, herausnehmen und hacken. Frischkäse und Pinienkerne verrühren und daraus mit zwei angefeuchteten Teelöffeln Nocken formen. Das Basilikum waschen, trockenschütteln und die Blättchen hacken.

Aceto balsamico habe ich lange nur für Dressings verwendet, doch der milde Essig ist auch prima zum Kochen.

3. Die Suppe mit Salz, Pfeffer, Essig und Honig abschmecken und anrichten. Die Käseklößchen und das Pesto darauf verteilen und die Suppe mit Basilikum bestreuen.

Rote-Bete-Chinakohl-Suppe

für 2 Portionen

1 rote Zwiebel
2 EL Olivenöl
600 ml Gemüsebrühe
50 g rote Linsen
Salz
Pfeffer
1 TL Fenchelsamen
250 g gegarte Rote Bete (aus dem Frischepack)
300 g Chinakohl
1/2 Bund Schnittlauch
1 Stück frischer Meerrettich (30 g)
4 Scheiben Roastbeef-Aufschnitt

Zubereitungszeit: 45 min

Zubereitung

1. Die Zwiebel abziehen und in Streifen schneiden. Das Olivenöl in einem Topf erhitzen und die Zwiebel darin anbraten. Mit der Brühe ablöschen und aufkochen. Die Linsen zufügen und mit Salz, Pfeffer und Fenchelsamen würzen. Zugedeckt 7 Minuten kochen.

2. Die Rote Bete in kleine Würfel schneiden. Den Chinakohl waschen, putzen und in feine Streifen schneiden. Chinakohl und Rote Bete in die Suppe geben und weitere 5 Minuten kochen.

3. Den Schnittlauch waschen, trockenschütteln und in Röllchen schneiden. Den Meerrettich schälen und grob raspeln. Den Roastbeef-Aufschnitt zu Röllchen formen und in zwei Suppenteller legen. Die Suppe mit Salz und Pfeffer abschmecken und in die Teller füllen. Mit Schnittlauch und Meerrettich bestreuen.

Diese Suppe ist für mich die richtige Mahlzeit, wenn es draußen kalt ist. Der frisch geriebene Meerrettich sorgt für eine kleine Portion Vitamin C und der fettarme Aufschnitt liefert gutes Eiweiß mit wenig Kalorien.

Asiatische Fischsuppe

Zubereitung

1. Das Fischfilet kalt abspülen, trockentupfen und in mundgerechte Stücke schneiden. Mit Limettensaft beträufeln.

2. Zwiebel und Knoblauch abziehen. Die Zwiebel grob würfeln, den Knoblauch in Scheiben schneiden. Das Zitronengras waschen und flach klopfen. Die Chilischote waschen, entkernen und hacken. Die Zuckerschoten waschen, putzen und schräg in Streifen schneiden. Die Möhren waschen, schälen und in feine Stifte schneiden.

3. Das Olivenöl in einem Topf erhitzen. Zwiebel und Knoblauch darin anbraten. Zitronengras und Chilischote zufügen. Zuckerschoten und Möhren kurz mitbraten. Mit Kokosmilch und Brühe ablöschen und aufkochen. Mit Salz und Pfeffer würzen und die Suppe zugedeckt etwa 5 Minuten leise kochen lassen.

4. Den Fisch zufügen und weitere 5 Minuten garen. Das Zitronengras entfernen und die Suppe nochmals abschmecken.

für 2 Portionen

250 g Pangasiusfilet
1 EL Limettensaft
1 Zwiebel
1 Knoblauchzehe
1/2 Stange Zitronengras
1 rote Chilischote
150 g Zuckerschoten
200 g Möhren
1 EL Olivenöl
200 ml ungesüßte Kokosmilch (aus der Dose)
400 ml Gemüsebrühe
Salz
Pfeffer

Zubereitungszeit: 45 min

Tipp Zitronengras ist im asiatischen Lebensmittelladen erhältlich. Damit sich das frische Aroma des Zitronengrases am besten entfalten kann, wird der feste Stängel vor dem Garen etwas flach geklopft.

Fruchtige Krautsuppe

Zubereitung

1. Den Knoblauch abziehen und durch die Presse drücken. Das Schweinefilet kalt abspülen, mit Küchenpapier trockentupfen und in Scheiben schneiden. Mit Knoblauch, 2 Teelöffeln Paprikapaste, Salz und Pfeffer mischen.

2. Die Chilischote waschen, entkernen und hacken. Die Paprikaschote waschen, von Kernen und Trennhäuten befreien und würfeln. Die Mango schälen, das Fruchtfleisch vom Kern schneiden und ebenfalls würfeln.

3. Das Sojaöl in einem Topf erhitzen, das Schweinefilet darin unter Rühren scharf anbraten und herausnehmen. Chilischote, Paprikaschote und Mango im Bratöl andünsten. Mit Brühe ablöschen und aufkochen. Mit Salz und Pfeffer würzen und zugedeckt 5 Minuten kochen.

4. Das Sauerkraut in die Suppe geben und weitere 5 Minuten kochen. Das Fleisch in die Suppe geben und darin erhitzen. Die Suppe mit Salz, Pfeffer, 1 Teelöffel Paprikapaste, Honig und Kurkuma abschmecken.

für 2 Portionen

1 Knoblauchzehe
250 g Schweinefilet
3 TL Paprikapaste (aus der Tube)
Salz
Pfeffer
1 rote Chilischote
1 rote Paprikaschote (175 g)
1 Mango (500 g)
2 EL Sojaöl
600 ml Gemüsebrühe
200 g frisches Sauerkraut
1 TL Honig
gemahlene Kurkuma

Zubereitungszeit: 40 min

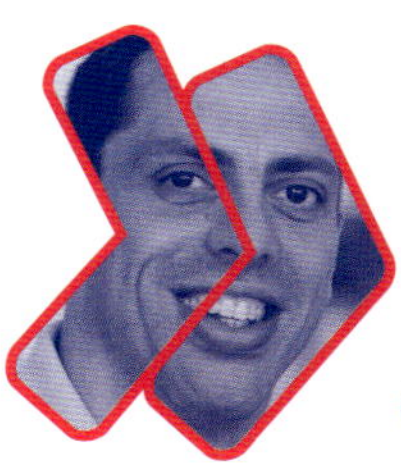

Die Kombination Sauerkraut und Mango klingt vielleicht ungewöhnlich, schmeckt aber eher ungewöhnlich gut.

Hühner-Limettensuppe

für 2 Portionen

400 g Porree
1 Zwiebel
1 Limette
2 Hähnchenfilets (300 g)
Salz
Pfeffer
1 EL Olivenöl
600 ml Hühnerbrühe
2 Kaffirlimettenblätter
1/2 Bund glatte Petersilie
1 Apfel (150 g)
1/2 TL gemahlener Koriander

Zubereitungszeit: 45 min

Zubereitung

1. Den Porree putzen, waschen und in Ringe schneiden. Die Zwiebel abziehen und fein würfeln. Die Limette heiß waschen, mit Küchenpapier trockenreiben und die Schale dünn abschälen.

2. Die Hähnchenfilets kalt abspülen, trockentupfen und mit Salz und Pfeffer würzen. Das Öl in einem Topf erhitzen, die Hähnchenfilets darin rundherum anbraten und herausnehmen. Die Zwiebel im Bratöl anbraten. Den Porree zufügen und anbraten. Das Fleisch wieder zufügen, mit Hühnerbrühe ablöschen und aufkochen. Die Kaffirlimettenblätter waschen und zufügen. Alles mit Salz und Pfeffer würzen und zugedeckt 15 Minuten leise kochen lassen.

3. Die Petersilie waschen, trockenschütteln und die Blättchen hacken. Die Limette halbieren und auspressen. Den Apfel waschen, vierteln, entkernen und in Spalten schneiden. Mit 1 Esslöffel Limettensaft beträufeln. Den Apfel nach 12 Minuten in die Suppe geben und mitgaren.

4. Hähnchenfilets und Kaffirlimettenblätter aus der Suppe nehmen. Die Suppe mit Salz, Pfeffer, Koriander und Limettenschale abschmecken. Die Hähnchenfilets in Scheiben schneiden und mit der Suppe anrichten. Mit Petersilie bestreut servieren.

Tipp Kaffirlimettenblätter sind nicht zum Essen geeignet, aber sie geben jedem Essen durchs Mitgaren ein frisches, zitroniges Aroma. Die Blätter sind im Asialaden erhältlich.

Chinasuppe

Zubereitung

1. Die Mu-Err-Pilze mit kochendem Wasser überbrühen und quellen lassen. Von den Garnelen mit einem spitzen Messer den schwarzen Darm entfernen. Garnelen unter kaltem Wasser abspülen und trockentupfen. Den Ingwer schälen und fein reiben. Garnelen mit Ingwer, 5-Gewürz-Pulver und Salz würzen.

2. Pak Choi, Paprikaschote und Zuckerschoten waschen, putzen und in breite Streifen schneiden. Die Pilze abtropfen lassen und in Streifen schneiden. Das Öl in einem Topf erhitzen, die Garnelen darin anbraten und herausnehmen. Pak Choi, Paprikaschote und Pilze im Bratöl anbraten. Mit der Brühe ablöschen und aufkochen. Mit Salz und 5-Gewürz-Pulver abschmecken. Zugedeckt 7 Minuten kochen. Die Zuckerschoten zufügen und weitere 3 Minuten kochen.

3. Die Sprossen in ein Sieb geben und heiß waschen. Garnelen und Sprossen in die Suppe geben und darin in 2 Minuten gar ziehen lassen. Die Suppe mit Salz, 5-Gewürz-Pulver, Sojasauce und Sambal Oelek abschmecken.

für 2 Portionen

- 5 g Mu-Err-Pilze
- 120 g küchenfertige Garnelen
- 1 Stück frischer Ingwer (20 g)
- 5-Gewürz-Pulver
- Salz
- 1 Pak Choi (300 g; ersatzweise Mangold)
- 1 grüne Paprikaschote
- 100 g Zuckerschoten
- 2 EL Sojaöl
- 600 ml Gemüsebrühe
- 50 g Mungobohnensprossen
- 2 EL Sojasauce
- Sambal Oelek

Zubereitungszeit: 45 min

Ich mag es scharf und nehme für die Suppe recht viel Sambal Oelek. Dosieren Sie zur Sicherheit zunächst sparsam.

Exotischer Kürbiseintopf

für 2 Portionen

2 Zwiebeln
1 Knoblauchzehe
400 g Kürbisfleisch
250 g Staudensellerie
200 g Hüftsteak
2 EL Sojaöl
1 EL Tandooripaste oder rote Currypaste
400 ml Gemüsebrühe
200 ml ungesüßte Kokosmilch (aus der Dose)
Salz
Pfeffer
1/2 Bund Petersilie

Zubereitungszeit: 40 min

Zubereitung

1. Zwiebeln und Knoblauch abziehen. Die Zwiebeln fein würfeln, den Knoblauch durch die Presse drücken. Das Kürbisfleisch in ca. 1,5 Zentimeter große Würfel schneiden. Den Sellerie waschen, putzen und in 1 Zentimeter breite Scheiben schneiden.

Für diesen Eintopf nehme ich am liebsten einen kleinen Hokkaidokürbis, der hat ein wunderbares Aroma.

2. Das Hüftsteak kalt abspülen, trockentupfen und in Streifen schneiden. Das Öl in einem Topf erhitzen, das Fleisch darin kräftig anbraten und herausnehmen. Zwiebeln und Knoblauch im Bratöl anbraten. Kürbis und Staudensellerie zufügen. Die Paste einrühren, mit Brühe und Kokosmilch ablöschen und aufkochen. Mit Salz und Pfeffer würzen und zugedeckt 10 Minuten kochen.

3. Das Fleisch in die Suppe geben und weitere 2 Minuten kochen. Die Petersilie waschen, trockenschütteln und die Blättchen hacken. Die Suppe nochmals abschmecken und mit der Petersilie bestreuen.

Norddeutscher Fischtopf

für 2 Portionen

1 kleine Stange Porree (150 g)
150 g Knollensellerie
1 Möhre (100 g)
1 Kartoffel (80 g)
2 EL Rapsöl
600 ml Gemüsebrühe
Salz
Pfeffer
2 Lorbeerblätter
150 g Dorschfilet (ersatzweise Kabeljaufilet)
1 EL Zitronensaft
250 g Miesmuscheln (ersatzweise 100 g tiefgekühltes Muschelfleisch)
1/2 Bund glatte Petersilie
50 g Nordseekrabbenfleisch

Zubereitungszeit: 45 min

Zubereitung

1. Den Porree putzen, waschen und in Ringe schneiden. Sellerie, Möhre und Kartoffel waschen, schälen und würfeln.

2. Das Öl in einem Topf erhitzen und das gesamte Gemüse darin anbraten. Mit der Brühe ablöschen und aufkochen. Mit Salz, Pfeffer und Lorbeer würzen und zugedeckt 8 Minuten kochen.

3. Das Fischfilet kalt abspülen, trockentupfen und in Würfel schneiden. Mit Zitronensaft beträufeln und mit Salz und Pfeffer würzen. Die Muscheln unter kaltem Wasser abbürsten, Bärte entfernen, geöffnete Muscheln wegwerfen. Fisch und Muscheln in die Suppe geben und weitere 5 Minuten kochen.

4. Die Petersilie waschen, trockenschütteln und die Blättchen fein hacken. Petersilie und Nordseekrabbenfleisch in die Suppe geben und diese nochmals mit Salz und Pfeffer abschmecken.

Von Fisch und Meeresfrüchten kriege ich nie genug. Das Schöne an diesem einfachen Rezept ist, dass man problemlos auch andere Fischsorten verwenden kann – so schmeckt es immer wieder ein wenig anders.

Kohlsuppe mit Bündnerfleisch

Zubereitung

1. Den Weißkohl, den Staudensellerie und die Paprikaschote waschen, putzen und in Stücke schneiden. Den Porree putzen, waschen und in Ringe schneiden. Die Möhren waschen, schälen und in Scheiben schneiden.

2. Kümmel, Fenchelsaat und Meersalz im Mörser zerstoßen. Den Thymian waschen, trockenschütteln und die Blättchen abzupfen. Die Brühe aufkochen und das Gemüse zufügen. Mit der Salzmischung, Thymian, Pfeffer und Chilipulver würzen. Das Gemüse 10 Minuten kochen.

3. Die Cocktailtomaten waschen und halbieren. Mit der Zitronenschale zum Gemüse geben und weitere 3 Minuten kochen. Das Bündnerfleisch in Streifen schneiden. Die Suppe mit Salz, Pfeffer und Zitronensaft abschmecken und anrichten. Jeweils 1 Esslöffel Crème légère darauf geben und das Bündnerfleisch darauf verteilen.

Tipp Fettsparen leicht gemacht: Crème légère ist die figurfreundliche, zeitgemäße Alternative zu Crème fraîche, die mit 30 Prozent doppelt so viel Fett enthält.

für 2 Portionen

200 g Weißkohl
1 Stange Staudensellerie (60 g)
1 grüne Paprikaschote (200 g)
1 kleine Stange Porree (125 g)
100 g Möhren
1/2 TL Kümmel
1 TL Fenchelsaat
1 TL Meersalz
3 Stängel Thymian
600 ml Gemüsebrühe
Pfeffer
Chilipulver
100 g Cocktailtomaten
abgeriebene Schale von 1/2 unbehandelten Zitrone
40 g Bündnerfleisch
1–2 TL Zitronensaft
2 EL Crème légère (40 g; 15 % Fett)

Zubereitungszeit: 45 min

Wirsingtopf mit Hackbällchen

für 2 Portionen

400 g Wirsing
3 Zwiebeln
1 Knoblauchzehe
250 g Rinderhackfleisch
2 EL Magerquark (40 g)
Salz
Pfeffer
gemahlener Kreuzkümmel
1/2–1 TL Harissa (Chilipaste)
2 EL Olivenöl
500 ml Gemüsebrühe
300 g Tomaten
50 g Magermilchjoghurt
evtl. Koriandergrün zum Bestreuen

Zubereitungszeit: 45 min

Zubereitung

1. Den Wirsing putzen, waschen und in 1 Zentimeter breite Streifen schneiden. Zwiebeln und Knoblauch abziehen. 1 Zwiebel und den Knoblauch fein, 2 Zwiebeln grob würfeln.

2. Hackfleisch, feine Zwiebelwürfel, Knoblauch und Magerquark verkneten. Mit Salz, Pfeffer, Kreuzkümmel und Harissa würzen. Aus dem Hackfleischteig mit angefeuchteten Händen ca. 16 kleine Klößchen formen. In einem Topf 1 Esslöffel Olivenöl erhitzen, die Klößchen darin rundherum braun anbraten und herausnehmen.

3. 1 Esslöffel Öl in einem Topf erhitzen und die groben Zwiebelwürfel darin anbraten. Den Wirsing hinzufügen und kurz andünsten. Mit der Brühe ablöschen und mit Salz und Pfeffer würzen. Den Wirsing zugedeckt 15 Minuten leise kochen lassen.

4. Die Tomaten kreuzweise einritzen, mit kochendem Wasser überbrühen, mit kaltem Wasser abschrecken und häuten. Tomaten vierteln, entkernen und in Spalten schneiden.

5. Hackfleischklößchen und Tomaten in der Suppe einige Minuten ziehen lassen. Nochmals mit Salz, Pfeffer und Kreuzkümmel abschmecken und in Suppentellern anrichten. Jeweils 1 Klecks Joghurt darauf geben und nach Belieben mit Koriandergrün bestreuen.

Türkische Hackpfanne

Zubereitung

1. Die Aubergine waschen, putzen und in 1 Zentimeter große Würfel schneiden. Mit Salz bestreuen und ein paar Minuten ziehen lassen. Die Auberginenwürfel abtropfen lassen. Die Frühlingszwiebeln putzen, waschen und in 2 Zentimeter breite Stücke schneiden. Die Spitzpaprika waschen, putzen und grob würfeln.

2. Die Zwiebel abziehen und fein würfeln. Den Knoblauch abziehen und durch die Presse drücken. Beides mit dem Hackfleisch verkneten und dieses mit Salz, Pfeffer und Kreuzkümmel würzen.

3. Das Öl in einem Wok oder einer hohen Pfanne erhitzen und das Hackfleisch darin krümelig braten. Frühlingszwiebeln, Spitzpaprika und Aubergine zufügen. Mit Salz und Pfeffer würzen und anbraten. Mit 3 Esslöffeln Wasser ablöschen und zugedeckt 5 Minuten schmoren.

4. Die Tomaten waschen, putzen und in Spalten schneiden. Zum Gemüse geben und weitere 3 Minuten garen.

5. Die Petersilie waschen, trockenschütteln und hacken. Petersilie mit dem Joghurt verrühren und diesen mit Salz, Pfeffer und Kreuzkümmel würzen. Die Hackpfanne mit Salz, Pfeffer, Cayennepfeffer und Zimt abschmecken. Den Joghurt dazu reichen.

für 2 Portionen

1 Aubergine (300 g)
Salz
3 Frühlingszwiebeln (100 g)
3 Spitzpaprika (200 g)
1 Zwiebel
1 Knoblauchzehe
200 g Lammhackfleisch
Pfeffer
gemahlener Kreuzkümmel
2 EL Olivenöl
200 g Tomaten
1/2 Bund glatte Petersilie
200 g Joghurt (1,5 % Fett)
Cayennepfeffer
gemahlener Zimt

Zubereitungszeit: 40 min

Tipp Auberginen können Bitterstoffe enthalten, die durch das Salzen vor der Verarbeitung entzogen werden.

Orientpfanne

für 2 Portionen

250 g ausgelöster Lammrücken (Lammlachs)
1 Knoblauchzehe
2 EL Olivenöl
Salz
Pfeffer
1/2–1 TL Harissa (Chilipaste)
250 g Möhren
300 g Zucchini
50 g rote Linsen
150 ml Lammfond (aus dem Glas)
1/2 Bund Koriandergrün

Zubereitungszeit: 35 min

Zubereitung

1. Den Lammrücken kalt abspülen, mit Küchenpapier trockentupfen und in Scheiben schneiden. Den Knoblauch abziehen und durch die Presse drücken. Mit 1 Esslöffel Öl, Salz, Pfeffer und Harissa verrühren. Das Fleisch mit der Würzmischung einreiben und ziehen lassen.

2. Möhren und Zucchini waschen und schälen bzw. putzen. Beides in Scheiben schneiden. 1 Esslöffel Öl in einem Wok oder einer hohen Pfanne erhitzen. Das Fleisch darin unter Wenden anbraten und wieder herausnehmen.

3. Möhren und Linsen im Bratöl anbraten. Mit dem Lammfond ablöschen und mit Salz und Pfeffer würzen. Zugedeckt 5 Minuten dünsten. Die Zucchini hinzufügen und weitere 5 Minuten garen.

4. Den Koriander waschen, trockenschütteln und grob hacken. Das Fleisch zum Gemüse geben und darin erhitzen. Nochmals abschmecken und mit Koriander bestreut servieren.

Variante Wer frischen Koriander nicht so gerne mag, kann zum Abrunden der Orientpfanne auch glatte Petersilie verwenden.

Steakpfanne

für 2 Portionen

1 Gemüsezwiebel (200 g)

1 Bund Suppengrün (400 g)

300 g Rumpsteak

1 EL Olivenöl

Salz

Pfeffer

150 ml Rinderfond (aus dem Glas)

1/2 Bund glatte Petersilie

2 TL Dijonsenf

Cayennepfeffer

Zubereitungszeit: 40 min

Zubereitung

1. Die Zwiebel abziehen und in kleine Würfel schneiden. Das Suppengrün waschen, je nach Sorte putzen oder schälen und in feine Streifen schneiden.

2. Vom Fleisch den Fettrand abschneiden und das Fleisch in dünne Scheiben schneiden. Das Öl in einer Pfanne erhitzen und das Fleisch darin kräftig anbraten. Mit Salz und Pfeffer würzen und herausnehmen. Die Zwiebel im Bratöl anbraten, die Gemüsestreifen hinzufügen und ebenfalls anbraten. Mit dem Rinderfond ablöschen und aufkochen. Mit Salz und Pfeffer würzen und zugedeckt 6 bis 8 Minuten schmoren.

Ich lege viel Wert auf die Qualität des Fleisches, das bei mir in die Pfanne kommt. Am meisten vertraue ich daher auf Bioprodukte.

3. Die Petersilie waschen, trockenschütteln und die Blättchen in Streifen schneiden. Das Fleisch zum Gemüse geben und darin erhitzen. Mit Salz, Pfeffer, Senf und Cayennepfeffer abschmecken und mit Petersilie bestreuen.

Geschmortes Hähnchen

Zubereitung

1. Die Hähnchenfilets kalt abspülen, mit Küchenpapier trockentupfen und in Streifen schneiden. Mit Sojasauce, dunklem Sojaöl und 1 bis 2 Messerspitzen Sambal Oelek mischen. Zugedeckt ziehen lassen.

2. Inzwischen den Vollkornreis in Salzwasser nach Packungsanweisung garen. Anschließend abtropfen lassen.

3. Die Frühlingszwiebeln putzen, waschen und in 1 Zentimeter breite Stücke schneiden. Den Knoblauch abziehen und in Scheiben schneiden. Den Ingwer schälen und fein reiben. Die Erdnusskerne hacken.

4. Das Sojaöl in einem Wok oder einer hohen Pfanne erhitzen. Das Fleisch darin unter Rühren anbraten und wieder herausnehmen. Knoblauch und Erdnüsse im Bratöl andünsten. Frühlingszwiebeln und tiefgekühlte Erbsen zufügen. Den Ingwer unterrühren und alles unter Wenden 5 Minuten braten. Das Fleisch wieder zufügen, mit Brühe ablöschen und 3 Minuten leise kochen lassen. Den Reis unterrühren und alles mit Salz, Pfeffer und Sambal Oelek abschmecken.

für 2 Portionen

2 Hähnchenfilets (300 g)
2 EL helle Sojasauce
1 TL dunkles Sojaöl
Sambal Oelek
40 g Vollkornreis
Salz
1 Bund Frühlingszwiebeln (150 g)
1 Knoblauchzehe
1 Stück frischer Ingwer (15 g)
20 g geröstete, ungesalzene Erdnusskerne
1 EL Sojaöl
200 g Erbsen, tiefgekühlt
125 ml Hühnerbrühe
Pfeffer

Zubereitungszeit: 45 min

Tipp Sambal Oelek ist eine sehr scharfe Würzpaste, die auf der Basis roter Chilischoten hergestellt wird. Sambal Oelek je nach Geschmacksvorliebe dosieren – daher sind bei den Zutaten keine konkreten Mengen angegeben.

Häppchen auf die Hand

Es gibt sie wirklich, die gesunden Alternativen zu fettigen Chickenwings und Hackfleischbällchen. Hier lernen Sie raffiniertes Fingerfood und feine Häppchen für die nächste Party kennen, die sich auch als kleine, leichte Mahlzeit am Abend prima machen. Um diese zu genießen, muss sich also gar kein Besuch angekündigt haben …

Garnelen-Tomaten-Spießchen

für 2 Portionen

1 Knoblauchzehe
1 TL abgeriebene Schale von 1 unbehandelten Zitrone
1 Messerspitze Sambal Oelek
Salz
Pfeffer
2 EL Olivenöl
8 küchenfertige Garnelen (ca. 200 g)
8 Cocktailtomaten
8 grüne Oliven (ohne Stein)
16 Basilikumblätter

außerdem

8 Holzspießchen

Zubereitungszeit: 30 min
Marinierzeit: 30 min

Zubereitung

1. Den Knoblauch abziehen und durch die Presse drücken. Mit Zitronenschale, Sambal Oelek, Salz, Pfeffer und Olivenöl verrühren.

2. Von den Garnelen mit einem spitzen Messer den schwarzen Darm entfernen. Die Garnelen kalt abspülen, trockentupfen und mit der Zitronenmarinade bestreichen. Zugedeckt 30 Minuten ziehen lassen. Die restliche Marinade beiseite stellen.

Im Sommer gibt es bei mir die Garnelen-Tomaten-Spießchen frisch vom Grill.

3. Die Cocktailtomaten waschen und abtropfen lassen. Die Oliven ebenfalls abtropfen lassen. Die Basilikumblätter waschen und mit Küchenpapier trockentupfen.

4. Auf jedes Holzspießchen 1 Garnele, 1 Cocktailtomate, 1 Olive und 2 Basilikumblätter stecken. Die Marinade in einer Pfanne erhitzen und die Spießchen darin von allen Seiten 5 Minuten anbraten.

Gebratene Fischröllchen

Zubereitung

1. Die Fischfilets kalt abspülen, trockentupfen und quer halbieren. Mit Orangenschale, Salz und Pfeffer würzen, aufrollen und mit Holzspießchen feststecken.

2. Das Öl in einer beschichteten Pfanne erhitzen und die Fischröllchen darin 5 Minuten von allen Seiten anbraten. Herausnehmen und im Backofen bei 80 °C warm stellen.

3. Den Frischkäse cremig rühren und mit Salz, Pfeffer und Koriander würzen.

4. Den Salat putzen, waschen und trockenschütteln. Die Salatblätter auf zwei Tellern verteilen und die Fischröllchen darauf anrichten. Jeweils 1 Klecks Frischkäsecreme darauf geben und mit Orangenschalenstreifen garniert servieren.

Tipp Am feinsten werden Orangenschalenstreifen mit einem speziellen Zestenreißer. Alternativ können Sie mit einem Sparschäler Streifen der Orangenschale abziehen und fein schneiden.

für 2 Portionen

6 Rot- oder Seezungenfilets (à 80 g)

1/2 TL abgeriebene Schale von 1 unbehandelten Orange

Salz

Pfeffer

2 EL Sojaöl

100 g Frischkäse (5 % Fett absolut)

gemahlener Koriander

Salat zum Anrichten, z. B. Römersalat

Orangenschalenstreifen zum Garnieren

außerdem

Holzspießchen

Zubereitungszeit: 25 min

Italienische Chickennuggets

Zubereitung

1. Die Schalotte und den Knoblauch abziehen. Die Schalotte fein würfeln, den Knoblauch durch die Presse drücken. Das Basilikum waschen, trockenschütteln und die Blättchen fein hacken. Dickmilch, Schalotte, Knoblauch, Basilikum, Zitronensaft und 1 Teelöffel Zitronenschale verrühren. Den Dip mit Salz und Pfeffer würzen.

2. Das Hähnchenfilet kalt abspülen, trockentupfen und in 1 Zentimeter dicke Scheiben schneiden. Hähnchenfilet mit Salz und Pfeffer würzen. Das Brot fein mahlen oder zerkrümeln. Brotkrümel, Parmesan und 1 Teelöffel Zitronenschale auf einem Teller mischen. Das Eiweiß auf einem zweiten Teller verquirlen.

3. Die Hähnchenfiletstücke erst im verquirlten Eiweiß, dann in der Brotmischung wenden. Die Panade andrücken. Das Öl in einer beschichteten Pfanne erhitzen und die Chickennuggets darin von allen Seiten goldbraun braten. Mit dem Dip servieren.

für 2 Portionen

1 Schalotte

1 Knoblauchzehe

1/2 Bund Basilikum

300 g Dickmilch (1,5 % Fett)

1 EL Zitronensaft

2 TL abgeriebene Schale von 1 unbehandelten Zitrone

Salz

Pfeffer

300 g Hähnchenfilet

30 g Vollkornbrot

20 g frisch geriebener Parmesan

1 Eiweiß

2 EL Olivenöl

Zubereitungszeit: 40 min

Um Fett zu sparen, lege ich die Chickennuggets vor dem Servieren kurz auf Küchenpapier – so wird ein Teil des Bratfetts einfach aufgesaugt.

Kleine Paprikatortilla

für 2 Portionen

1 Zwiebel

1 Knoblauchzehe

je 1/2 rote, gelbe und grüne Paprikaschote

50 g Putenbrustaufschnitt (am Stück)

2 EL Olivenöl

1/2 Bund glatte Petersilie

3 Eier

Salz

Pfeffer

Chilipulver

50 g Erbsen, tiefgekühlt

Zubereitungszeit: 35 min

Zubereitung

1. Zwiebel und Knoblauch abziehen und fein würfeln. Die Paprikaschoten waschen, von Kernen und Trennhäuten befreien und in feine Würfel schneiden. Den Putenbrustaufschnitt ebenfalls würfeln.

2. Das Öl in einer kleinen, beschichteten Pfanne mit 18 Zentimeter Durchmesser erhitzen und Zwiebel- und Knoblauchwürfel darin anbraten. Die Paprikawürfel dazugeben und einige Minuten mitbraten.

Die Tortilla ist perfekt, wenn Freunde zu Besuch kommen, da sie sich gut vorbereiten lässt und auch kalt schmeckt.

3. Die Petersilie waschen, trockenschütteln und die Blättchen in Streifen schneiden. Die Eier verquirlen und mit Salz, Pfeffer und Chilipulver würzen.

4. Die tiefgekühlten Erbsen zu den Paprikawürfeln geben und kurz mitbraten. Die Petersilie untermischen. Die Eier darüber gießen und zugedeckt bei milder Hitze stocken lassen. Nach 5 Minuten die Tortilla auf einen Teller gleiten lassen und umgedreht wieder in die Pfanne geben. Zugedeckt weitere 5 Minuten stocken lassen. Die Tortilla herausnehmen und in Kuchenstücke schneiden. Heiß oder kalt servieren.

Würzige Tofubällchen

Zubereitung

1. Die Cashewkerne hacken und in einer beschichteten Pfanne ohne Fett rösten. Herausnehmen und abkühlen lassen.

2. Die Mango schälen, das Fruchtfleisch vom Kern schneiden, etwas davon fein würfeln und beiseite stellen. Die restliche Mango in grobe Stücke schneiden und mit dem Frischkäse pürieren. Den Joghurt unterrühren. Den Dip mit Sambal Oelek, Salz und Pfeffer würzen, in einem Schälchen anrichten und mit den Mangowürfeln bestreuen.

3. Die Frühlingszwiebeln putzen, waschen und fein würfeln. Den Knoblauch abziehen und durch die Presse drücken. Den Tofu mit einer Gabel zerdrücken und mit dem Eiweiß mit dem Schneidstab pürieren. Mit Cashewkernen, Frühlingszwiebeln und Knoblauch verrühren und mit Salz, Pfeffer, Ingwer und Sambal Oelek würzen. Aus der Masse mit angefeuchteten Händen Klößchen formen.

4. Das Sojaöl in einer beschichteten Pfanne erhitzen und die Bällchen darin rundherum goldbraun braten. Den Mangodip zu den Tofubällchen servieren.

Tipp Es gibt mittlerweile eine große Auswahl an Tofusorten, vor allem im Bioladen und im Reformhaus. Probieren Sie die Bällchen zum Beispiel mit Kräutertofu oder geräuchertem Tofu.

für 2 Portionen

20 g Cashewkerne, geröstet und ungesalzen

1/2 reife Mango (150 g)

50 g Frischkäse (5 % Fett absolut)

150 g Magermilchjoghurt

Sambal Oelek

Salz

Pfeffer

2 Frühlingszwiebeln

1 Knoblauchzehe

200 g Tofu

1 Eiweiß

gemahlener Ingwer

2 EL Sojaöl

Zubereitungszeit: 40 min

Rösti mit Thunfischtatar

für 2 Portionen

150 g Thunfischfilet
1 rote Zwiebel
3 Stängel Minze
2 TL Meerrettich aus dem Glas
1/2 TL abgeriebene Schale von 1 Limette
1 TL Limettensaft
Salz
Pfeffer
1 Kartoffel (80 g)
150 g Knollensellerie
1 kleine Stange Porree (80 g)
1 Ei
1 Eiweiß
2 EL Olivenöl
50 g Crème légère

Zubereitungszeit: 45 min

Zubereitung

1. Den Thunfisch kalt abspülen, trockentupfen und in kleine Würfel schneiden. Die Zwiebel abziehen und fein würfeln. Die Minze waschen, trockenschütteln und die Blättchen hacken. Thunfisch, Zwiebel, Minze, Meerrettich, Limettenschale und -saft mischen. Das Tatar mit Salz und Pfeffer würzen.

2. Die Kartoffel und den Sellerie schälen und fein raspeln. Den Porree putzen, waschen und in feine Streifen schneiden. Kartoffel, Sellerie und Porree mit Ei und Eiweiß mischen. Die Masse mit Salz und Pfeffer würzen.

3. Das Öl in einer beschichteten Pfanne erhitzen. Die Kartoffelmasse esslöffelweise darin verteilen und flachdrücken. Die Puffer auf jeder Seite bei milder Hitze 3 Minuten goldbraun braten und im Backofen bei 80 °C warm stellen.

4. Die Puffer auf Tellern anrichten und das Thunfischtatar darauf verteilen. Jeweils 1 kleinen Klecks Crème légère darauf geben.

Thunfisch ist neben Lachs und Makrele eine der Fischsorten, die sehr viele essenzielle Omega-3-Fettsäuren enthalten – super gesund und daher sehr zu empfehlen. Aber der Thunfisch muss für das Tatar wirklich ganz frisch sein.

Gefüllter Kohlrabi

für 2 Portionen

2 Kohlrabi (à 200 g)
Salz
1 EL Sonnenblumenkerne
1 Zwiebel
100 g Champignons
1 Tomate
1/2 Bund glatte Petersilie
1 EL Olivenöl
Pfeffer
50 g Ricotta light (13,3 % Fett absolut)

Zubereitungszeit: 45 min

Zubereitung

1. Die Kohlrabi schälen und putzen, dabei die inneren kleinen Blättchen aufbewahren. Die Kohlrabi in kochendem Salzwasser 15 Minuten garen.

2. Die Sonnenblumenkerne in einer beschichteten Pfanne ohne Fett goldbraun rösten. Herausnehmen und abkühlen lassen.

3. Die Zwiebel abziehen und fein würfeln. Die Champignons putzen, mit einem feuchten Küchenpapier abreiben und fein würfeln. Die Tomate waschen, putzen, vierteln, entkernen und fein würfeln. Die Petersilie waschen, trockenschütteln und die Blättchen hacken.

4. Die Kohlrabi abtropfen und etwas abkühlen lassen, waagerecht halbieren und mit einem Kugelausstecher oder einem Teelöffel aushöhlen, dabei einen 1 Zentimeter breiten Rand stehen lassen. Das Innere der Kohlrabi fein hacken.

5. Das Öl in einer beschichteten Pfanne erhitzen und die Zwiebel darin anbraten. Die Champignons dazugeben und braten, bis die Flüssigkeit verdampft ist. Den gehackten Kohlrabi dazugeben und mitbraten. Die Masse mit Salz und Pfeffer würzen und abkühlen lassen. Dann mit Ricotta, Tomatenwürfeln, Sonnenblumenkernen und Petersilie verrühren und mit Salz und Pfeffer abschmecken.

6. Die Kohlrabiblättchen grob hacken. Die Ricottamasse in die Kohlrabihälften füllen und mit dem Kohlrabigrün bestreuen.

Zucchini-Käse-Taler

Zubereitung

1. Die Schalotte abziehen und fein würfeln. Den Parmaschinken in feine Würfel schneiden. Rucola und Thymian waschen, trockenschütteln und hacken. Ricotta und Magerquark glatt verrühren. Senf, Schalotte, Schinken, Rucola und Thymian unterrühren und die Käsecreme mit Salz und Pfeffer würzen.

2. Die Zucchini waschen, putzen und schräg in 1/2 Zentimeter dicke, längliche Scheiben schneiden. Das Öl in einer beschichteten Pfanne erhitzen und die Zucchinischeiben darin von beiden Seiten anbraten. Mit Salz und Pfeffer würzen.

3. Die Hälfte der Zucchinischeiben nebeneinander auf eine Platte oder zwei Teller legen. Auf jede Scheibe 1 kleinen Klecks der Ricottacreme geben. Die übrigen Zucchinischeiben darauf verteilen und mit grob gemahlenem Pfeffer bestreuen.

für 2 Portionen

1 Schalotte
3 Scheiben Parmaschinken (30 g)
40 g Rucola
2 Stängel Thymian
100 g Ricotta light (13,3 % Fett absolut)
100 g Magerquark
1 TL mittelscharfer Senf
Salz
Pfeffer
2 Zucchini (400 g)
2 EL Olivenöl

Zubereitungszeit: 45 min

Die Ricottacreme schmeckt auch als Dip zu rohen Gemüsesticks sehr gut. Dafür einfach Paprikaschoten, Möhren und Staudensellerie in mundgerechte Spalten oder Stücke schneiden und in Gläsern servieren.

Hauptsache Eiweiß

Wer fit sein will, braucht Eiweiß – am besten in Form von magerem Fleisch oder fettarmem Fisch. Doch das ist natürlich nicht alles, deshalb gibt es dazu immer eine ordentliche Portion frisches Gemüse. Kohlenhydrate spielen hingegen eher eine Nebenrolle, die klassischen Beilagen Nudeln und Kartoffeln werden Sie also nur hin und wieder finden.

Leichter Pichelsteiner

für 2 Portionen

200 g mageres Rindergulasch
1 Stange Porree (150 g)
100 g Kartoffeln
200 g Möhren
1 Petersilienwurzel (100 g)
250 g Spitzkohl
300 ml Gemüsebrühe
Salz
Pfeffer
1/2 TL Kümmel

Zubereitungszeit: 60 min

Zubereitung

1. Das Rindergulasch mit Küchenpapier trockentupfen und eventuell kleiner schneiden. Den Porree putzen, waschen und in Ringe schneiden. Die Kartoffeln schälen und grob würfeln. Die Möhren und die Petersilienwurzel putzen, schälen und in dicke Scheiben schneiden. Den Spitzkohl waschen, putzen und in breite Streifen schneiden.

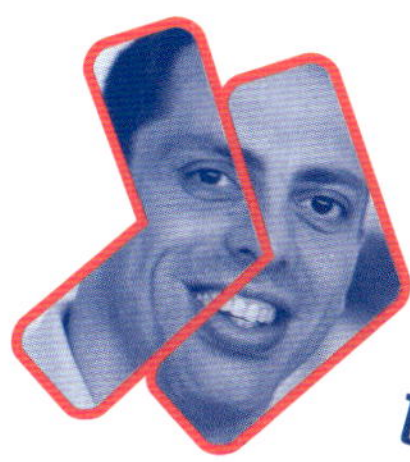

Durch eine clevere Zutatenauswahl werden typische Küchenklassiker ganz einfach leichter.

2. Das Fleisch und das Gemüse in einem Topf mischen. Die Brühe zugießen und mit Salz, Pfeffer und Kümmel würzen. Die Brühe aufkochen lassen und den Eintopf zugedeckt 45 Minuten garen. Vor dem Servieren mit Salz und Pfeffer abschmecken.

Tipp Von dem Eintopf können Sie problemlos die doppelte Menge zubereiten und dann einen Teil einfrieren. So hat man, wenn es schnell gehen muss, eine vollwertige Mahlzeit parat.

Leichtes Kalbsgulasch

Zubereitung

1. Die Zwiebeln abziehen und grob würfeln. Das Fleisch trockentupfen und eventuell kleiner schneiden. Das Öl in einem Schmortopf erhitzen und das Fleisch darin anbraten. Die Zwiebeln zugeben und mitbraten. Das Paprikapulver kurz anrösten und die Brühe zugießen. Mit Salz und Pfeffer würzen und zugedeckt 30 Minuten schmoren.

2. Die Champignons putzen, mit einem feuchten Küchenpapier abreiben und in Viertel schneiden. Die Kartoffeln schälen und würfeln. Die Paprikaschote waschen, von Kernen und Trennhäuten befreien und in Stücke schneiden. Champignons, Kartoffeln und Paprikaschote nach 30 Minuten zum Fleisch geben und alles weitere 30 Minuten garen.

3. Die Petersilie waschen, trockenschütteln und die Blättchen fein hacken. Das Gulasch nochmals mit Paprikapulver, Salz und Pfeffer abschmecken und mit der Petersilie bestreuen. Mit je 1 Klecks saurer Sahne servieren.

für 2 Portionen

200 g Zwiebeln
300 g mageres Kalbsgulasch
2 EL Olivenöl
1 TL edelsüßes Paprikapulver
1/2 TL scharfes Paprikapulver
200 ml Fleischbrühe
Salz
Pfeffer
200 g Champignons
100 g Kartoffeln
1 rote Paprikaschote
1 Bund glatte Petersilie
50 g saure Sahne (10 % Fett)

Zubereitungszeit: 1 std 15 min

Tipp Saure Sahne ist vergleichbar mit Crème fraîche, enthält allerdings deutlich weniger Fett. Statt saurer Sahne bietet sich auch Crème légère an, die einen ähnlich niedrigen Fettgehalt hat.

Pikantes Fischcurry

für 2 Portionen

2 Zwiebeln
1 Knoblauchzehe
1 rote Chilischote
2 EL Olivenöl
1 EL Currypulver
1 TL gemahlener Koriander
150 g braune Linsen
500 ml Gemüsebrühe
Salz
Pfeffer
400 g Rotbarschfilet
3 EL Limettensaft
400 g Tomaten
3 Stängel Koriander

Zubereitungszeit: 50 min

Zubereitung

1. Die Zwiebeln und den Knoblauch abziehen und fein würfeln. Die Chilischote waschen, putzen, entkernen und hacken. Das Öl in einem Topf erhitzen, Zwiebeln und Knoblauch darin anbraten. Currypulver und gemahlenen Koriander hinzufügen und anschwitzen. Die Linsen in den Topf geben, mit der Brühe ablöschen und aufkochen. Mit Salz und Pfeffer würzen und bei milder Hitze zugedeckt 40 Minuten leise kochen lassen.

2. Das Fischfilet kalt abspülen, trockentupfen und eventuell vorhandene Gräten mit einer Pinzette herausziehen. Das Fischfilet in etwa 3 Zentimeter große Würfel schneiden, mit Limettensaft beträufeln und mit Salz und Pfeffer würzen.

3. Die Tomaten einritzen, mit kochendem Wasser überbrühen, kalt abschrecken und häuten. Die Tomaten in Spalten schneiden und entkernen. Das Koriandergrün waschen, trockenschütteln und die Blättchen abzupfen.

4. Den Fisch zu den Linsen geben und 8 Minuten gar ziehen lassen. Die Tomaten hinzufügen und erwärmen. Das Curry mit Salz und Pfeffer abschmecken und mit den Korianderblättern bestreuen.

Tipp Für das Fischcurry kann auch tiefgekühltes Rotbarschfilet verwendet werden. In diesem Fall den Fisch vor der Zubereitung im Kühlschrank auftauen lassen und wie im Rezept beschrieben verarbeiten.

Saiblingsragout

für 2 Portionen

300 g Saiblingsfilets (ersatzweise Forellenfilets)
1 EL Zitronensaft
Salz
Pfeffer
100 g Vollkornreis
1 Schalotte
1/2 Salatgurke (250 g)
250 g Tomaten
1 EL Olivenöl
1 Lorbeerblatt
200 ml Fischfond aus dem Glas
3 Stängel Dill
75 g Crème balance flüssig (7,5 % Fett)

Zubereitungszeit: 45 min

Zubereitung

1. Die Fischfilets kalt abspülen, trockentupfen und in Stücke schneiden. Mit Zitronensaft beträufeln und mit Salz und Pfeffer würzen.

2. Den Vollkornreis nach Packungsanweisung in Salzwasser etwa 30 Minuten garen.

3. Die Schalotte abziehen und fein würfeln. Die Gurke waschen, putzen, längs halbieren und mit einem Teelöffel entkernen. Die Gurkenhälften in 1/2 Zentimeter dicke Scheiben schneiden. Die Tomaten einritzen, mit kochendem Wasser überbrühen, abschrecken und häuten. Tomaten in Viertel schneiden und entkernen.

4. Das Öl in einem Topf erhitzen und die Schalotte darin anbraten. Das Lorbeerblatt hinzufügen, den Fischfond angießen und aufkochen. Die Gurke darin zugedeckt 5 Minuten kochen. Fisch und Tomaten hinzufügen und in weiteren 3 Minuten gar ziehen lassen.

5. Den Fond vorsichtig durch ein Sieb in einen Topf abgießen. Fisch und Gemüse im Backofen bei 80 °C warm stellen, den Fond etwas einkochen lassen. Den Dill waschen, trockenschütteln und fein hacken. Crème balance in den Fond rühren, aber nicht kochen lassen. Die Sauce mit Salz und Pfeffer abschmecken und den Dill unterrühren. Fischfilets, Gemüse, Reis und Sauce auf Tellern anrichten.

Vollkornreis passt zwar etwas besser zum Saiblingsragout, doch zur Abwechslung serviere ich dazu auch einmal Kartoffeln – am liebsten die schmackhaften Frühkartoffeln, die ich mit der Schale in Salzwasser gare.

Knusprige Fischmedaillons

Zubereitung

1. Das Fischfilet in 10 Scheiben à 40 Gramm schneiden, mit dem Zitronensaft beträufeln und mit Salz und Zitronenpfeffer würzen.

2. Möhren und Kartoffeln schälen, in Stücke schneiden und in Salzwasser 15 Minuten garen.

3. Den Joghurt mit Honig und Meerrettich verrühren. Den Dip mit Salz und Zitronenpfeffer abschmecken.

4. Die Cornflakes zerbröseln und auf einen Teller geben. Das Eiweiß in einem tiefen Teller verquirlen. Die Fischstückchen trockentupfen, erst in verquirltem Eiweiß und dann in den Cornflakes wenden. Die Panade vorsichtig andrücken.

5. Das Öl in einer beschichteten Pfanne erhitzen und die Fischstückchen darin von beiden Seiten in 5 Minuten goldbraun braten.

6. Die Petersilie waschen, trockenschütteln und die Blättchen hacken. Die Möhren-Kartoffelmischung abtropfen und ausdampfen lassen. Mit einem Kartoffelstampfer zerdrücken und mit Salz und Zitronenpfeffer würzen. Die Petersilie unterrühren und das Püree mit den Fischstückchen anrichten. Den Joghurtdip dazu reichen.

für 2 Portionen

400 g Steinbeißerfilet
2 EL Zitronensaft
Salz
Zitronenpfeffer
300 g Möhren
100 Kartoffeln
150 g Magermilchjoghurt
1 TL flüssiger Honig
2 TL Meerrettich aus dem Glas
40 g Cornflakes
1 Eiweiß, Größe M
2 EL Olivenöl
1/2 Bund glatte Petersilie

Zubereitungszeit: 50 min

Tipp **Sollte das Möhren-Kartoffelpüree sehr fest sein, noch ein wenig heißes Kochwasser oder heiße Gemüsebrühe kurz mit dem Schneebesen unterrühren.**

Fischkoteletts mit Senfsauce

für 2 Portionen

2 Fischkoteletts, z. B. Dorsch (à 180 g)
1 Zwiebel
1 Möhre
250 g Tomaten
100 g Vollkornreis
Salz
300 ml Fischfond aus dem Glas
1 Lorbeerblatt
5 weiße Pfefferkörner
1/2 TL Fenchelsaat
3 Scheiben von 1 unbehandelten Zitrone
100 g saure Sahne (10 % Fett)
1 EL mittelscharfer Senf
1 TL Meerrettich aus dem Glas
Pfeffer

Zubereitungszeit: 45 min

Zubereitung

1. Die Fischkoteletts kalt abspülen und trockentupfen. Die Zwiebel abziehen und vierteln. Die Möhre putzen, schälen und in Stücke schneiden. Die Tomaten einritzen, mit kochendem Wasser überbrühen, abschrecken und häuten. Die Tomaten vierteln, entkernen und in kleine Würfel schneiden.

2. Den Vollkornreis nach Packungsanweisung in Salzwasser etwa 30 Minuten kochen.

3. Fischfond, Zwiebel, Möhre, Lorbeerblatt, Pfefferkörner, Fenchelsaat und Salz aufkochen und 15 Minuten leise kochen lassen. Fischkoteletts und Zitronenscheiben dazugeben und den Fisch bei milder Hitze 8 Minuten gar ziehen lassen.

4. Die Fischkoteletts herausheben und warm stellen. Den Fischfond durch ein Sieb gießen. 100 Milliliter Fischfond mit der sauren Sahne verrühren und erhitzen, aber nicht kochen. Senf und Meerrettich einrühren und die Sauce mit Salz und Pfeffer abschmecken.

5. Die Tomatenwürfel unter den Reis mischen und kurz erhitzen. Tomatenreis, Fischkoteletts und Sauce auf Tellern anrichten.

Tipp Zum Warmhalten die gegarten Fischkoteletts auf einen großen Teller oder eine Platte legen und in den 80 °C warmen Backofen stellen.

Gefüllte Putenrouladen

Zubereitung

1. Die Frühlingszwiebel putzen, waschen und in feine Ringe schneiden. Die Möhre putzen, schälen und grob raspeln. Den Thymian waschen, trockenschütteln und die Blättchen abzupfen. Honig, Tomatenmark und Thymian verrühren.

2. Die Putenschnitzel mit Salz und Pfeffer würzen und mit der Tomaten-Honig-Paste bestreichen. Frühlingszwiebel und Möhre darauf verteilen, dabei einen Rand frei lassen. Das Fleisch aufrollen und mit Holzspießchen feststecken.

3. Das Öl in einem Topf erhitzen und die Rouladen darin rundherum anbraten. Mit der Brühe ablöschen und zugedeckt 15 Minuten schmoren. Die Nudeln nach Packungsanweisung in Salzwasser kochen.

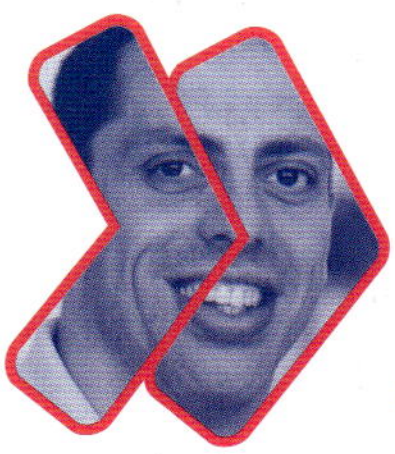

Bei Reis und Nudeln schwöre ich auf die Vollkornvarianten – sie sind gesünder und schmecken angenehm nussig.

4. Den Brokkoli waschen, putzen und in Röschen schneiden. Die Stiele schälen und in Stücke schneiden. Den Brokkoli in wenig kochendem Salzwasser 8 Minuten dünsten.

5. Den Brokkoli abtropfen lassen und mit Muskatnuss würzen. Die Nudeln abtropfen lassen und mit Brokkoli, Rouladen und Bratenfond auf Tellern anrichten.

für 2 Portionen

1 Frühlingszwiebel (40 g)
1 Möhre (75 g)
2 Stängel Thymian
1 TL Honig
1 EL Tomatenmark
4 flache Putenschnitzel (à 80 g)
Salz
Pfeffer
1 EL Olivenöl
50 ml Fleischbrühe
100 g Vollkornnudeln
500 g Brokkoli
Muskatnuss

außerdem

Holzspießchen

Zubereitungszeit: 45 min

Gebratene Hähnchenfilets

Zubereitung

1. Die Bohnen waschen, putzen und halbieren. Die Möhren putzen, schälen, längs halbieren und in Stücke schneiden. Bohnen und Möhren in der Brühe 5 Minuten vorgaren. Den Topf vom Herd ziehen.

2. Die Gemüsezwiebel abziehen und grob würfeln. Die Hähnchenfilets kalt abspülen und trockentupfen. Die Haut vorsichtig teilweise vom Fleisch lösen, so dass eine Tasche entsteht. Die Zitrone heiß waschen, trockenreiben, die Schale dünn abschälen und in feine Streifen schneiden. Die Kräuter waschen, trockenschütteln und die Blättchen abzupfen. Kräuter und Zitronenschale unter die Hähnchenhaut schieben. Die Filets mit Salz und Pfeffer würzen.

3. Den Backofen auf 200 °C vorheizen. Das Öl in einer ofenfesten Pfanne erhitzen und die Filets darin von allen Seiten anbraten. Herausnehmen. Die Zwiebelwürfel im Bratöl 5 Minuten anbraten. Möhren und Bohnen mitsamt der Brühe und die Oliven hinzufügen, mit Salz und Pfeffer würzen. Die Filets auf das Gemüse legen und im vorgeheizten Backofen (Umluft: 180 °C, Gas: Stufe 3–4) 25 Minuten backen.

für 2 Portionen

200 g grüne Bohnen
250 g Möhren
100 ml Gemüsebrühe
1 Gemüsezwiebel (150 g)
2 Hähnchenfilets mit Haut, ohne Knochen (300 g)
1/2 unbehandelte Zitrone
3 Stängel Thymian
1 Stängel Basilikum
4 Salbeiblätter
Salz
Pfeffer
1 EL Olivenöl
30 g grüne Oliven

Zubereitungszeit: 30 min
Backzeit: 25 min

Viel Gemüse zu magerem Hähnchenfleisch – da kann ich auf die klassische Beilage wie Kartoffeln gut verzichten.

Entenbrust in Kokossauce

für 2 Portionen
1 Knoblauchzehe
1 Stück frischer Ingwer (15 g)
400 g Möhren
100 g Vollkornreis
Salz
1 Entenbrust (350 g)
Pfeffer
1 EL Olivenöl
1 EL rote Chilipaste aus dem Glas
300 ml ungesüßte Kokosmilch
1 TL gemahlener Koriander
3 Frühlingszwiebeln

Zubereitungszeit: 45 min

Zubereitung

1. Den Knoblauch abziehen und durch die Presse drücken. Den Ingwer schälen und fein würfeln. Die Möhren waschen, schälen, der Länge nach halbieren und in Stücke schneiden.

2. Den Reis nach Packungsanweisung in Salzwasser ca. 30 Minuten kochen.

3. Die Entenbrust kalt abspülen, trockentupfen und die Haut rautenförmig einschneiden. Die Entenbrust mit Salz und Pfeffer einreiben und auf der Hautseite zuerst in einer beschichteten Pfanne ohne Fett kräftig anbraten. Dann auf jeder Seite 8 Minuten braten. Das Fleisch herausnehmen und in Alufolie wickeln.

4. Das Bratfett abgießen und das Olivenöl in der Pfanne erhitzen. Den Knoblauch darin anbraten. Die Möhren zufügen und andünsten. Die Chilipaste kurz mitdünsten, mit Kokosmilch ablöschen und aufkochen. Mit Salz, Pfeffer und gemahlenem Koriander würzen und zugedeckt 10 Minuten garen.

5. Inzwischen die Frühlingszwiebeln putzen, waschen und in feine Ringe schneiden. Die Haut vom Fleisch lösen. Das Fleisch in Scheiben schneiden und zu den Möhren geben. Alles mit Salz und Pfeffer abschmecken und mit den Frühlingszwiebeln bestreuen. Den fertig gegarten Vollkornreis dazu reichen.

Lebergeschnetzeltes

Zubereitung

1. Die Zwiebeln abziehen und in halbe Ringe schneiden. Die Champignons putzen, mit einem feuchten Küchenpapier abreiben und in Scheiben schneiden. Die Möhren putzen, schälen und in Scheiben schneiden. Die Leber unter kaltem Wasser abspülen, mit Küchenpapier trockentupfen und putzen.

2. Das Öl in einer beschichteten Pfanne erhitzen, die Leber darin bei mittlerer Hitze von allen Seiten anbraten und herausnehmen. Die Zwiebeln im Bratöl anbraten. Die Pilze hinzufügen und goldbraun braten. Die Möhren zufügen und andünsten. Das Gemüse mit der Brühe ablöschen, mit Salz, Pfeffer und Majoran würzen und alles zugedeckt etwa 10 Minuten dünsten.

3. Die Petersilie waschen, trockenschütteln und die Blättchen hacken. Die Leber in Scheiben schneiden und zum Gemüse geben. Weitere 3 bis 5 Minuten zugedeckt garen. Die Crème balance in den Schmorfond rühren. Das Geschnetzelte mit Salz und Pfeffer abschmecken und mit Petersilie bestreuen.

für 2 Portionen

3 Zwiebeln (150 g)
300 g Champignons
350 g Möhren
300 g Geflügelleber
2 EL Olivenöl
50 ml Fleischbrühe
Salz
Pfeffer
1/2 TL getrockneter Majoran
1/2 Bund glatte Petersilie
100 g Crème balance flüssig (7,5 % Fett)

Zubereitungszeit: 40 min

Tipp Leber ist eine unübertroffene Vitamin-A-Quelle und sollte daher immer wieder auf den Tisch kommen – allerdings nicht zu oft, da Leber auch sehr cholesterinreich ist.

Gefüllte Paprikaschoten

für 2 Portionen

1 Bund Suppengrün (400 g)
1 Zwiebel
1 Knoblauchzehe
1 EL Olivenöl
300 g Rinderhackfleisch
2 EL Magerquark (60 g)
Salz
Pfeffer
edelsüßes Paprikapulver
1 TL getrockneter Majoran
je 2 rote und grüne Paprikaschoten
200 ml Gemüsebrühe

Zubereitungszeit: 35 min
Backzeit: 35 min

Zubereitung

1. Das Suppengrün putzen, waschen bzw. schälen und alles in kleine Würfel schneiden. Zwiebel und Knoblauch abziehen und fein würfeln. Das Öl in einem Topf erhitzen, Zwiebel und Knoblauch darin anbraten. Das Suppengrün zugeben und zugedeckt 10 Minuten dünsten. 100 Gramm Gemüse abwiegen und etwas abkühlen lassen.

2. Hackfleisch, abgewogenes Suppengrün, Magerquark, Salz, Pfeffer, Paprikapulver und die Hälfte des Majorans verkneten. Den Backofen auf 200 °C vorheizen.

3. Die Paprikaschoten waschen und längs halbieren, die Kerne und Trennhäute entfernen. Je 2 rote und grüne Hälften mit der Hackfleischmasse füllen. Die übrigen 4 Paprikahälften in Würfel schneiden.

4. Das restliche Suppengrün und die Paprikawürfel in eine Auflaufform geben. Die Brühe angießen und mit Salz, Pfeffer und dem restlichen Majoran würzen. Die gefüllten Paprikahälften darauf setzen und zugedeckt im vorgeheizten Backofen (Umluft: 180 °C, Gas: Stufe 3–4) etwa 35 Minuten backen.

Tipp Wenn Sie keinen passenden Deckel für die Auflaufform haben, können Sie sie auch mit Alufolie abdecken. Die glänzende Seite dabei nach unten drehen.

Tatarfrikadellen mit Kohlrabi

Zubereitung

1. Die Frühlingszwiebeln putzen, waschen und in feine Ringe schneiden. Die Petersilie waschen, trockenschütteln und die Blättchen fein hacken.

2. Tatar, Eiweiß, Frühlingszwiebeln und die Hälfte der Petersilie verkneten. Den Hackfleischteig mit Salz und Pfeffer würzen und mit angefeuchteten Händen zu 4 Frikadellen formen.

3. Die Zwiebel abziehen und fein würfeln. Die Kohlrabi schälen, die kleinen Blättchen dabei aufbewahren. Die Kartoffel schälen. Kohlrabi und Kartoffel in 1 Zentimeter große Würfel schneiden. 1 Esslöffel Öl in einem Topf erhitzen und die Zwiebel darin anbraten. Kartoffel hinzufügen und kurz mit andünsten. Mit der Brühe ablöschen, mit Salz und Pfeffer würzen und zugedeckt 5 Minuten dünsten. Kohlrabi zufügen und weitere 10 Minuten dünsten.

4. 1 Esslöffel Öl in einer Pfanne erhitzen. Die Frikadellen darin auf jeder Seite 4 Minuten braten und warm stellen.

5. Die Kohlrabiblätter in Streifen schneiden. Crème balance und Pesto in das Gemüse rühren, mit Salz und Pfeffer abschmecken und mit den Frikadellen anrichten. Das Kohlrabigrün und die restliche Petersilie darüber streuen.

für 2 Portionen

2 Frühlingszwiebeln
1/2 Bund glatte Petersilie
250 g Tatar
1 Eiweiß, Größe M
Salz
Pfeffer
1 Zwiebel
2 kleine Kohlrabi (400 g)
1 Kartoffel (100 g)
2 EL Olivenöl
50 ml Gemüsebrühe
100 g Crème balance flüssig (7,5 % Fett)
1 TL Pesto aus dem Glas

Zubereitungszeit: 45 min

Geschmorte Rindersteaks

für 2 Portionen
100 g Zwiebeln
2 Knoblauchzehen
150 g Möhren
150 g Staudensellerie
2 Hüftsteaks (à 180 g)
Salz
Pfeffer
2 EL Olivenöl
100 ml Fleischbrühe
1 Lorbeerblatt
300 g Tomaten
1/2 Limette
3 Stängel Basilikum
1 EL Tomatenmark
4 Scheiben Vollkornbaguette (à 15 g)

Zubereitungszeit: 50 min

Zubereitung

1. Zwiebeln und 1 Knoblauchzehe abziehen und fein würfeln. Möhren und Staudensellerie waschen und schälen bzw. putzen. Beides in kleine Würfel schneiden.

2. Die Hüftsteaks kalt abspülen, trockentupfen und mit Salz und Pfeffer würzen. Das Öl in einer Pfanne erhitzen, die Steaks darin von beiden Seiten scharf anbraten und herausnehmen. Zwiebeln und Knoblauch im Bratöl anbraten. Möhren und Sellerie zufügen und andünsten, mit der Brühe ablöschen und aufkochen. Das Lorbeerblatt hinzufügen und alles 10 Minuten zugedeckt schmoren. Das Fleisch auf das Gemüse legen und weitere 5 Minuten schmoren.

3. Die Tomaten einritzen, mit kochendem Wasser überbrühen, abschrecken und häuten. Die Tomaten in Spalten schneiden und entkernen. Die Limette heiß waschen, trockenreiben, die Schale dünn abschälen und hacken. 1 Knoblauchzehe abziehen und fein hacken. Das Basilikum waschen und trockenschütteln, die Blättchen fein hacken. Basilikum, Limettenschale und Knoblauch mischen.

4. Die Tomatenspalten und das Tomatenmark in die Pfanne geben und alles weitere 3 Minuten schmoren. Mit Salz und Pfeffer abschmecken. Gemüse und Steaks auf Tellern anrichten und die Steaks mit der Basilikummischung bestreuen. Das Vollkornbaguette dazu reichen.

Gefüllte Schmetterlingssteaks

für 2 Portionen

20 g Walnusskerne
2 TL Tapenade (schwarze Olivenpaste, aus dem Glas)
4 Schweine-Schmetterlingssteaks (à 100 g)
Salz
Pfeffer
2 EL Olivenöl
2 Zwiebeln
300 g Austernpilze
1 Dose Artischockenherzen (240 g Abtropfgewicht)
1/2 Bund glatte Petersilie
100 ml Fleischbrühe
50 g Crème légère

außerdem

Holzspießchen

Zubereitungszeit: 40 min

Zubereitung

1. Die Walnusskerne hacken und mit der Tapenade mischen. Das Fleisch kalt abspülen, trockentupfen und mit Salz und Pfeffer würzen. Das Fleisch mit der Nussmasse bestreichen, zusammenklappen und mit Holzspießchen feststecken.

2. 1 Esslöffel Olivenöl in einer beschichteten Pfanne erhitzen und die Steaks darin auf jeder Seite 4 Minuten braten. In Alufolie wickeln und warm stellen.

3. Die Zwiebeln abziehen und fein würfeln. Die Austernpilze putzen, mit einem feuchten Küchenpapier abreiben und eventuell kleiner schneiden. Die Artischockenherzen abtropfen lassen und vierteln. Die Petersilie waschen, trockenschütteln und die Blättchen hacken.

4. 1 Esslöffel Olivenöl in der Pfanne erhitzen und die Zwiebelwürfel darin anbraten. Die Pilze zufügen und weitere 4 Minuten unter Wenden braten. Die Artischockenherzen zufügen und weitere 2 Minuten braten. Alles mit Salz und Pfeffer würzen, mit der Brühe ablöschen und aufkochen lassen. Die Crème légère unterrühren und die Sauce nochmals mit Salz und Pfeffer abschmecken. Die Schmetterlingssteaks mit der Sauce anrichten und mit Petersilie bestreut servieren.

Tipp Tapenade können Sie auch leicht selbst herstellen: 500 Gramm schwarze Oliven ohne Stein mit zwei Sardellenfilets, zwei Knoblauchzehen, einem Esslöffel Kapern und Olivenöl im Mixer pürieren.

Pikante Senfmedaillons

Zubereitung

1. Die Steinpilze waschen und abtropfen lassen. Die Gemüsebrühe aufkochen und die Pilze darin 15 Minuten einweichen.

2. Die Zwiebeln abziehen und in 1 Zentimeter große Würfel schneiden. Den Porree putzen, waschen und in Ringe schneiden. Die Kartoffeln schälen und in 1 Zentimeter große Würfel schneiden.

3. Die Medaillons trockentupfen und mit Salz und Pfeffer würzen. Das Fleisch auf beiden Seiten mit 2 Teelöffeln Senf bestreichen. Das Öl in einer beschichteten Pfanne erhitzen und die Medaillons darin auf jeder Seite 2 Minuten braten. Herausnehmen und beiseite stellen.

4. Die Zwiebeln im Bratöl anbraten, Porree und Kartoffeln zufügen und ebenfalls anbraten. Die Steinpilze mitsamt der Brühe hinzufügen. Alles mit Salz und Pfeffer würzen und zugedeckt 10 Minuten schmoren. Die Medaillons auf das Gemüse legen und zugedeckt weitere 3 Minuten garen.

5. Die Medaillons warm stellen. 1 Teelöffel Senf und die Crème légère in das Gemüse rühren. Nochmals mit Salz und Pfeffer abschmecken und mit den Medaillons auf Tellern anrichten.

für 2 Portionen

5 g getrocknete Steinpilze
200 ml Gemüsebrühe
2 Zwiebeln
2 Stangen Porree (300 g)
150 g Kartoffeln
6 kleine Schweinemedaillons (à 40 g)
Salz
Pfeffer
3 TL Dijonsenf
2 EL Olivenöl
50 g Crème légère

Zubereitungszeit: 45 min

Ich finde, Senf kommt in der Küche oft zu kurz. Dass er nicht nur zu Würstchen passt – die ohnehin viel zu fettig sind – beweisen die zarten Schweinemedaillons.

Schnitzel-Paprika-Auflauf

für 2 Portionen

je 1 rote, gelbe und grüne Paprikaschote (500 g)
2 Knoblauchzehen
1 Fenchelknolle (200 g)
2 Putenschnitzel (à 150 g)
Salz
Pfeffer
2 EL Olivenöl
3 TL Pesto rosso aus dem Glas
75 g Crème balance flüssig (7,5 % Fett)
75 g Mozzarella light (9,8 % Fett absolut)

Zubereitungszeit: 60 min

Zubereitung

1. Die Paprikaschoten waschen, von Kernen und Trennhäuten befreien und längs vierteln. Mit der Hautseite nach oben auf den Gitterrost des Backofens legen und unter dem Grill überbacken, bis die Haut Blasen wirft und schwarz wird. Mit nassem Küchenpapier abdecken und etwas ziehen lassen.

2. Den Knoblauch abziehen und durch die Presse drücken. Den Fenchel waschen, putzen, dabei etwas Grün zum Garnieren beiseite legen. Fenchel halbieren, vom Strunk befreien und in Scheiben schneiden. Von den Paprikaschoten die Haut abziehen.

3. Die Schnitzel trockentupfen, jeweils in 3 Stücke schneiden und mit Salz und Pfeffer würzen. Das Öl in einer beschichteten Pfanne erhitzen, die Schnitzel darin von jeder Seite 2 Minuten braten und wieder herausnehmen. Den Fenchel im Bratöl von beiden Seiten 2 Minuten braten. Mit Salz und Pfeffer würzen und herausnehmen.

4. Den Backofen auf 220 °C vorheizen. Pesto und Crème balance verrühren und die Sauce mit Salz und Pfeffer würzen. Den Mozzarella abtropfen lassen und in kleine Würfel schneiden.

5. Paprika, Fenchel und Schnitzel in eine Gratinform schichten, mit der Pestosauce begießen und mit Mozzarella bestreuen. Im vorgeheizten Backofen (Umluft: 200 °C, Gas: Stufe 4–5) 10 Minuten überbacken.

Lamm-Pfefferragout

für 2 Portionen

300 g ausgelöster Lammrücken
3 Schalotten
2 Knoblauchzehen
250 g Möhren
150 g Sellerieknolle
150 g Champignons
1 TL eingelegte grüne Pfefferkörner
2 EL Olivenöl
1 EL Tomatenmark
200 ml Lammfond aus dem Glas
Salz
Pfeffer
1 TL getrocknete Kräuter der Provence

Zubereitungszeit: 50 min

Zubereitung

1. Das Lammfleisch in 3 Zentimeter große Würfel schneiden. Die Schalotten abziehen und in Spalten schneiden, den Knoblauch abziehen und durch die Presse drücken. Möhren und Sellerie putzen, schälen und in 2 Zentimeter große Würfel schneiden. Die Champignons putzen, mit einem feuchten Küchenpapier abreiben und halbieren. Die Pfefferkörner grob hacken.

2. Das Öl in einem Topf erhitzen, die Fleischwürfel darin rundherum anbraten und wieder herausnehmen. Schalotten und Knoblauch im Bratöl anbraten. Möhren, Sellerie und Champignons hinzufügen und ebenfalls anbraten. Das Tomatenmark kurz anrösten, das Fleisch wieder hinzufügen und den Fond zugießen. Alles mit Salz, Pfeffer, Pfefferkörnern und den getrockneten Kräutern würzen und zugedeckt 25 Minuten bei mittlerer Hitze schmoren.

3. Das Lammragout nochmals mit Salz und Pfeffer abschmecken und in tiefen Tellern servieren.

Tipp Dazu schmeckt knuspriges Vollkornbaguette.

Bei mir kommen Gemüse und Fleisch oft zusammen in einen Topf. Nicht, weil das Abwasch spart, sondern weil sich so alle Aromen vortrefflich verbinden. Zum Auftunken der köstlichen Sauce gibt's dazu Vollkornbaguette.

Würzige Lammhackbällchen

Zubereitung

1. Die Aubergine waschen, putzen, in 1 Zentimeter große Würfel schneiden und mit Salz bestreuen.

2. Gemüsezwiebel und Knoblauch abziehen und fein würfeln. Den Thymian waschen, trockenschütteln und die Blättchen hacken.

3. Hackfleisch, 2 Esslöffel Zwiebelwürfel, je die Hälfte Knoblauch und Thymian, den Senf, Salz, Pfeffer, Cayennepfeffer und Zimt verkneten. Aus der Hackfleischmasse mit angefeuchteten Händen etwa 20 kleine Hackbällchen formen.

4. Die Zucchini waschen, putzen und in 1 Zentimeter große Würfel schneiden. Die Aubergine mit Küchenpapier trockentupfen. Das Öl in einer beschichteten Pfanne erhitzen, die Hackbällchen darin rundherum anbraten und herausnehmen. Die restlichen Zwiebel- und Knoblauchwürfel im Bratöl anbraten. Zucchini und Aubergine hinzufügen und kurz mitbraten. Das Tomatenmark in die Pfanne geben und anrösten. Mit der Brühe ablöschen und aufkochen lassen. Die Hackbällchen auf dem Gemüse verteilen und zugedeckt 10 Minuten schmoren.

5. Die Tomaten einritzen, mit kochendem Wasser überbrühen, abschrecken und häuten. Die Tomaten in Spalten schneiden, entkernen, in die Pfanne geben und weitere 5 Minuten schmoren. Alles mit Salz, Pfeffer und Honig abschmecken.

für 2 Portionen

1 Aubergine (200 g)
Salz
1 kleine Gemüsezwiebel (150 g)
2 Knoblauchzehen
1/2 Bund Thymian
250 g mageres Lammhackfleisch
3 TL Dijonsenf
Pfeffer
Cayennepfeffer
1 Prise gemahlener Zimt
200 g Zucchini
2 EL Olivenöl
2 EL Tomatenmark
200 ml Fleischbrühe
300 g Tomaten
1 TL flüssiger Honig

Zubereitungszeit: 50 min

Hack-Gemüse-Gratin

für 2 Portionen

100 g Vollkornnudeln, z. B. Spiralnudeln
Salz
1 Zwiebel
1 Knoblauchzehe
250 g Zucchini
3 Stängel Thymian
2 EL Olivenöl
250 g Rinderhackfleisch
1 EL Tomatenmark
1 Dose Tomatenstückchen (400 g)
Pfeffer
Chilipulver
1 Radicchio (150 g)
100 g leichter Schafskäse (8 % Fett absolut)
3 EL Milch

Zubereitungszeit: 30 min
Backzeit: 20 min

Zubereitung

1. Die Nudeln in Salzwasser nach Packungsanweisung bissfest kochen. Abgießen, abschrecken und abtropfen lassen.

2. Zwiebel und Knoblauch abziehen. Die Zwiebel fein würfeln, den Knoblauch durch die Presse drücken. Die Zucchini waschen, putzen und in Scheiben schneiden. Den Thymian waschen, trockenschütteln und die Blättchen abzupfen. Das Öl in einer beschichteten Pfanne erhitzen, die Zucchini darin von beiden Seiten anbraten und herausnehmen.

3. Zwiebel und Knoblauch im Bratöl anbraten. Das Hackfleisch hinzufügen und krümelig braten. Das Tomatenmark kurz anrösten, Thymian und Tomatenstückchen dazugeben und 5 Minuten offen schmoren lassen. Mit Salz, Pfeffer und Chilipulver würzen.

Die Hackfleischsauce würze ich zur Abwechslung auch gerne mit etwas Zimt oder gemahlenem Kreuzkümmel.

4. Den Radicchio waschen, putzen und in Spalten schneiden, den Strunk dabei herausschneiden. Den Schafskäse zerbröckeln und mit der Milch pürieren. Die Schafskäsecreme mit Salz und Pfeffer würzen.

5. Den Backofen auf 220 °C vorheizen. Nudeln und Hackfleischsauce mischen. Nudeln mit Sauce, Zucchini und Radicchio abwechselnd in eine Gratinform schichten. Das Schafskäsepüree mit einem Teelöffel darauf verteilen. Im vorgeheizten Backofen (Umluft: 200 °C, Gas: Stufe 4–5) 20 Minuten überbacken.

Spitzkohlrouladen

Zubereitung

1. Den Spitzkohl putzen, waschen und in reichlich kochendes Wasser geben. Nach und nach 8 Blätter ablösen und davon den Strunk flach schneiden. Die Blätter mit Küchenpapier trockentupfen. Den restlichen Kohl vierteln und in breite Streifen schneiden.

2. Die Frühlingszwiebeln putzen, waschen und in feine Ringe schneiden. Frühlingszwiebeln, Hackfleisch, Eiweiß und 1 Teelöffel Senf verkneten. Mit Salz, Pfeffer, Piment und Cayennepfeffer würzen. Die Masse zu 8 länglichen Frikadellen formen. Je 1 Frikadelle auf 1 Kohlblatt legen, zu Rouladen rollen und mit Holzspießchen feststecken.

3. Die Kartoffeln schälen und würfeln. Das Öl in einem Schmortopf erhitzen, die Rouladen darin von allen Seiten anbraten und herausnehmen. Kartoffeln und Kohlstreifen im Bratöl andünsten, mit der Brühe ablöschen und mit Salz, Pfeffer und Cayennepfeffer würzen. Die Rouladen auf das Gemüse legen und zugedeckt 20 Minuten schmoren. Gemüse mit 2 Teelöffeln Senf, Salz und Pfeffer abschmecken.

für 2 Portionen

1 Spitzkohl (700 g)
3 Frühlingszwiebeln (75 g)
250 g Rinderhackfleisch
1 Eiweiß
3 TL mittelscharfer Senf
Salz
Pfeffer
gemahlener Piment
Cayennepfeffer
150 g Kartoffeln
2 EL Olivenöl
250 ml Gemüsebrühe

außerdem

Holzspießchen

Zubereitungszeit: 60 min

Tipp Statt sie mit Holzspießchen festzustecken, können Sie die Kohlrouladen auch mit Bindfaden schnüren. Dann halten sie beim Anbraten etwas besser zusammen.

Genießen auf Tour

Das Essen »on the go« gehört zu unserem Lebensstil fast dazu. Ein belegtes Brötchen hier, ein Burger da, mit gesunder Ernährung hat das leider meist wenig zu tun. Warum also nicht auf Hausgemachtes zurückgreifen? Wir stellen Ihnen kalte Suppen, Salate und Fleischgerichte vor, mit denen Sie nicht nur im Büro, sondern auch beim Picknick eine gute Figur machen.

Kalte Gurkensuppe

für 2 Portionen

1 Zwiebel
2 Knoblauchzehen
1 Salatgurke (500 g)
1 EL Olivenöl
250 ml Gemüsebrühe
Salz
Pfeffer
Cayennepfeffer
100 ml Milch (1,5 % Fett)
100 g Crème légère
1/2 Bund Dill
30 g Radieschensprossen
50 g Nordseekrabbenfleisch

Zubereitungszeit: 30 min + Kühlzeit

Zubereitung

1. Die Zwiebel und den Knoblauch abziehen. Zwiebel fein würfeln, Knoblauch durch die Presse drücken. Die Salatgurke waschen, schälen, längs halbieren und die Kerne mit einem Teelöffel herausschaben. Die Gurkenhälften würfeln.

2. Das Olivenöl in einem Topf erhitzen. Zwiebel und Knoblauch darin anbraten. Gurkenwürfel kurz mitbraten. Mit Brühe ablöschen und aufkochen lassen. Mit Salz, Pfeffer und Cayennepfeffer würzen. Zugedeckt 10 Minuten leise kochen lassen. Die Suppe pürieren. Milch und Crème légère einrühren. Die Suppe abkühlen lassen und kalt stellen.

3. Den Dill waschen, trockenschütteln und fein schneiden. Die Radieschensprossen in ein Sieb geben, waschen und gut abtropfen lassen. Dill in die Suppe rühren, mit Salz, Pfeffer und Cayennepfeffer abschmecken und in ein gut verschließbares Gefäß füllen. Sprossen und Nordseekrabbenfleisch getrennt verpacken. Die Suppe anrichten und mit Sprossen und Krabben bestreuen.

Tipp Die Gurkensuppe können Sie auch in zwei kleinere Gefäße füllen, in denen sie dann direkt serviert wird. Auch hier gilt: die Krabben und Sprossen erst kurz vor dem Essen in die Suppe geben.

Marinierter Camembert

Zubereitung

1. Die Zwiebeln abziehen und in Ringe schneiden. Die Walnusskerne grob hacken. Den Schnittlauch waschen, trockenschütteln und in feine Röllchen schneiden.

2. Den roten Pfeffer zerdrücken. Mit Essig und Salz verrühren. Das Olivenöl unterrühren und den Schnittlauch hinzufügen.

> Ich verwende für dieses Rezept gerne den Camembert »+ Calcium« – schauen Sie mal im Kühlregal nach.

für 2 Portionen

- 2 rote Zwiebeln (140 g)
- 20 g Walnusskerne
- 1/2 Bund Schnittlauch
- 1 TL roter Pfeffer
- 4 EL weißer Aceto balsamico
- Salz
- 2 EL Olivenöl
- 125 g reifer Camembert (9 % Fett absolut)
- 2 Scheiben Vollkornbrot (à 50 g)

Zubereitungszeit: 20 min

3. Den Camembert in Scheiben schneiden und mit den Zwiebeln in eine gut schließende Dose geben. Die Marinade über Käse und Zwiebeln verteilen. Vollkornbrot dazu reichen.

Tipp Den Camembert können Sie in der Marinade etwa eine Woche im Kühlschrank aufbewahren. Auch andere Käsesorten, z. B. Feta, können Sie auf diese Weise einlegen und verfeinern.

Eiersalat mit Artischocken

für 2 Portionen

4 Eier
250 g Champignons
1 Bund Frühlingszwiebeln (150 g)
2 EL Olivenöl
Salz
Pfeffer
1 Dose Artischockenherzen (240 g Abtropfgewicht)
1/4 Bund Basilikum
3 EL weißer Aceto balsamico
1 TL mittelscharfer Senf
1 TL Honig

Zubereitungszeit: 35 min

Zubereitung

1. Die Eier in Wasser 9 Minuten kochen. Abschrecken, pellen und abkühlen lassen. Die Champignons putzen, mit einem feuchten Küchenpapier abreiben und in Viertel schneiden. Die Frühlingszwiebeln putzen, waschen und in Ringe schneiden.

2. 1 Teelöffel Olivenöl in einer beschichteten Pfanne erhitzen. Die Champignons darin scharf anbraten. Die Frühlingszwiebeln zufügen und kurz mitbraten. Mit Salz und Pfeffer würzen. Abkühlen lassen.

3. Die Artischockenherzen abtropfen lassen und vierteln. Basilikum waschen, trockenschütteln und die Blättchen in Streifen schneiden. Essig, Senf, Honig und Basilikum verrühren. Mit Salz und Pfeffer würzen. Das restliche Öl unterrühren.

4. Die Eier in Spalten schneiden. Champignons, Frühlingszwiebeln, Artischockenherzen und Vinaigrette mischen. Nochmals mit Salz und Pfeffer abschmecken und in ein verschließbares Gefäß geben. Die Eispalten darauf verteilen.

Tipp Eine raffiniert andere Geschmacksnote erhält der Artischockensalat, wenn Sie zum Verfeinern statt Basilikum frische Minzeblättchen verwenden.

Bulgur-Schafskäse-Salat

Zubereitung

1. Den Bulgur mit der kochenden Brühe übergießen und zugedeckt 30 Minuten ziehen lassen.

2. Die Gemüsezwiebel abziehen und grob würfeln. Die Fleischtomaten waschen, putzen und in Stücke schneiden. Die Salatgurke waschen, schälen, längs halbieren und die Kerne mit einem Teelöffel herausschaben. Die Gurke in Würfel schneiden. Petersilie und Basilikum waschen, trockenschütteln, die Blättchen abzupfen und hacken. Den Schafskäse in Würfel schneiden.

3. Bulgur, Gemüsezwiebel, Tomaten, Gurke, Schafskäse, Petersilie und Basilikum mischen und in ein verschließbares Gefäß füllen.

4. Den Knoblauch abziehen und durch die Presse drücken. Mit dem Joghurt, Zitronensaft, Honig und Olivenöl verrühren. Mit Pulbiber, Salz, Pfeffer und Kreuzkümmel würzen. Die Sauce separat verpacken und kurz vor dem Essen über den Salat gießen.

für 2 Portionen

50 g Bulgur (Weizenschrot)
125 ml Gemüsebrühe (Instant)
1 kleine Gemüsezwiebel (100 g)
2 Fleischtomaten (300 g)
1/2 Salatgurke (250 g)
1/2 Bund glatte Petersilie
3 Stängel Basilikum
100 g Schafskäse leicht
1 Knoblauchzehe
150 g Magermilchjoghurt
2 TL Zitronensaft
1 TL Honig
2 EL Olivenöl
Pulbiber (Chiliflocken; aus dem türkischen Lebensmittelgeschäft)
Salz
Pfeffer
gemahlener Kreuzkümmel

Zubereitungszeit: 30 min
Einweichzeit: 30 min

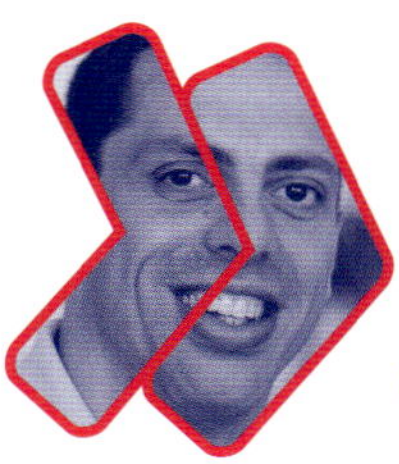

Bulgur habe ich vor Jahren bei einem kleinen orientalischen Lebensmittelgeschäft um die Ecke entdeckt und bin seitdem begeistert von seinem Geschmack und der einfachen Zubereitung.

Gefüllte Tomaten

für 2 Portionen

4 mittelgroße Tomaten (à ca. 90 g)

1 Zwiebel

1 kleiner Zucchino (125 g)

1 EL Olivenöl

75 g Mozzarella light (9 % Fett absolut)

1/2 Bund Basilikum

Salz

Pfeffer

1 TL Pesto rosso (aus dem Glas)

Zubereitungszeit: 30 min

Zubereitung

1. Die Tomaten waschen und jeweils einen Deckel abschneiden. Die Tomaten mit einem Teelöffel oder Kugelausstecher aushöhlen. Die Zwiebel abziehen und fein würfeln. Den Zucchino waschen, putzen und ebenfalls fein würfeln.

2. Das Olivenöl in einer beschichteten Pfanne erhitzen und die Zwiebelwürfel darin anbraten. Den Zucchino dazugeben und mitbraten. Abkühlen lassen.

3. Den Mozzarella abtropfen lassen und in kleine Würfel schneiden. Die Tomatendeckel ebenfalls würfeln. Das Basilikum waschen, trockenschütteln und die Blättchen in Streifen schneiden.

4. Basilikum, Tomatenwürfel und Mozzarella unter das Zucchinigemüse heben. Mit Salz, Pfeffer und rotem Pesto würzen. Die Mischung in die Tomaten füllen und in ein verschließbares Gefäß geben.

Die gefüllten Tomaten sind auch ein echter Hingucker auf dem Buffet und machen deutlich mehr her als klassischer Salat. Riesenchampignons können Sie übrigens genauso füllen.

Rote-Linsen-Salat

für 2 Portionen

1 Knoblauchzehe
150 g rote Linsen
300 ml Gemüsebrühe
1 TL Currypulver
1 Orange (250 g)
1 rote Zwiebel
1 Dose Thunfisch naturell (135 g Abtropfgewicht)
200 g Staudensellerie
1/2 Bund glatte Petersilie
150 g Magermilchjoghurt
1 TL Honig
1/2 TL Harissa (Chilipaste)
Salz
Pfeffer
gemahlener Zimt
gemahlener Koriander

Zubereitungszeit:
30 min + Abkühlzeit

Zubereitung

1. Den Knoblauch abziehen und durch die Presse drücken. Die Linsen in der Gemüsebrühe mit Knoblauch und Currypulver etwa 10 Minuten leise kochen lassen, bis die Brühe vollständig aufgesogen ist. Die Linsen abkühlen lassen.

2. Die Orange schälen, dabei die weiße Haut mit entfernen. Die Orangenfilets zwischen den Trennhäuten mit einem scharfen Messer herausschneiden. Den Saft auffangen. Die Zwiebel abziehen und in halbe Ringe schneiden. Den Thunfisch abtropfen lassen und mit einer Gabel etwas zerpflücken. Den Sellerie waschen, putzen und in Scheiben schneiden.

Thunfisch aus der Dose gibt es auch in Öl eingelegt. Achten Sie darauf, Thunfisch naturell zu kaufen.

3. Die Petersilie waschen, trockenschütteln und die Blättchen abzupfen. Joghurt, Honig und Harissa verrühren. Mit Salz, Pfeffer, Zimt und Koriander würzen.

4. Linsen, Orangenfilets und -saft, Zwiebel, Thunfisch, Petersilienblätter und Staudensellerie in einer Schüssel mit dem Joghurtdressing mischen und den Salat in ein verschließbares Gefäß füllen.

Feines Gemüse

Zubereitung

1. Die Möhren waschen und schälen. Den Spargel waschen, das untere Drittel schälen und die Enden abschneiden. Die Schalotte abziehen und in feine Würfel schneiden. Die Zitrone heiß waschen und die Schale mit einem Zestenreißer in dünnen Streifen abziehen. Zitrone halbieren und eine Hälfte auspressen.

2. Das Olivenöl in einer Pfanne erhitzen und die Schalotte darin anbraten. Möhren, Spargel, Zitronenschale und Honig zufügen. Mit 3 Esslöffeln Wasser ablöschen und mit Salz und Pfeffer würzen. Zugedeckt bei mittlerer Hitze 8 Minuten dünsten. Abkühlen lassen.

3. Den Parmaschinken quer halbieren. Möhren und Spargelstangen jeweils mit 1 halbierten Scheibe Parmaschinken oder 1 Scheibe Bündnerfleisch umwickeln. Mit grobem Pfeffer bestreuen und in ein verschließbares Gefäß geben.

für 2 Portionen

8 dünne Möhren (200 g)
8 Stangen grüner Spargel (300 g)
1 Schalotte
1 unbehandelte Zitrone
1 EL Olivenöl
1 TL Honig
Salz
grob gemahlener Pfeffer
4 Scheiben Parmaschinken (50 g)
8 Scheiben Bündnerfleisch (50 g)

Zubereitungszeit: 45 min

Tipp Die Möhren und die Spargelstangen sollten vor dem Umwickeln mit dem Schinken und dem Bündnerfleisch vollständig abgekühlt sein. Wer mag, kann das Gemüse bereits am Vortag zubereiten und abgedeckt in den Kühlschrank stellen – dann zieht die würzige Marinade besonders gut durch.

Spinatbuletten

für 2 Portionen

100 g Blattspinat, tiefgekühlt
1 EL Pinienkerne
2 getrocknete Aprikosen (20 g)
1 kleine Zwiebel
1 Knoblauchzehe
2 EL Olivenöl
Salz
Zitronenpfeffer
250 g Rinderhackfleisch
1 Eiweiß
1 EL Tomatenmark
gemahlener Koriander
2 EL mittelscharfer Senf
1 TL Pesto (aus dem Glas)

Zubereitungszeit: 40 min + Auftauzeit

Zubereitung

1. Den Spinat in einem Sieb auftauen lassen. Die Pinienkerne in einer beschichteten Pfanne ohne Fett rösten. Herausnehmen und abkühlen lassen. Die Aprikosen fein würfeln. Die Zwiebel und den Knoblauch abziehen. Zwiebel fein würfeln, Knoblauch durch die Presse drücken.

2. 1 Esslöffel Olivenöl in einer beschichteten Pfanne erhitzen. Je die Hälfte Zwiebel und Knoblauch darin anbraten. Den Spinat ausdrücken, hacken, zufügen und ca. 3 Minuten mitbraten. Mit Salz und Zitronenpfeffer würzen. Den Spinat abkühlen lassen.

3. Hackfleisch, Spinat, Aprikosenwürfel, Pinienkerne, Eiweiß, übrige Zwiebel und Knoblauch sowie Tomatenmark verkneten. Mit Salz, Zitronenpfeffer und Koriander würzen. Aus der Masse 10 kleine Buletten formen. 1 Esslöffel Olivenöl in einer beschichteten Pfanne erhitzen und die Buletten darin auf jeder Seite ca. 4 Minuten bei mittlerer Hitze braten. Herausnehmen und abkühlen lassen.

4. Den Senf mit dem Pesto verrühren. Die Spinatbuletten in ein verschließbares Gefäß geben. Den Pesto-Senf separat verpacken und dazu reichen.

Tipp Für die Spinatbuletten ungewürzten und unverfeinerten Blattspinat verwenden, Rahmspinat eignet sich für die Zubereitung nicht, da er zu cremig ist.

Pikante Maisfrikadellen

Zubereitung

1. Die Zwiebel und den Knoblauch abziehen. Zwiebel fein würfeln, Knoblauch durch die Presse drücken. Die Chilischote waschen, putzen, entkernen und fein würfeln. 1 Tomate waschen, putzen, vierteln, entkernen und in kleine Würfel schneiden. Die Kapern hacken.

2. Hackfleisch, Zwiebel bis auf 1 Teelöffel, Knoblauch, die Hälfte der Chilischote, Kapern und Magerquark verkneten. Tomatenwürfel und Maiskörner unterkneten. Mit Salz und Pfeffer würzen. Aus der Masse mit angefeuchteten Händen kleine Frikadellen formen.

3. 1 Esslöffel Olivenöl in einer beschichteten Pfanne erhitzen und die Frikadellen darin von beiden Seiten 6 Minuten braten. Herausnehmen und abkühlen lassen.

4. Essig, Ketchup, restliche Chilischote und Zwiebelwürfel, Salz und Pfeffer verrühren, 1 Esslöffel Olivenöl unterrühren. 3 Tomaten waschen, putzen und in Spalten schneiden. Den Römersalat putzen, waschen, trockenschütteln und in Streifen schneiden. Tomaten und Salat mit der Vinaigrette mischen und mit den Frikadellen in ein verschließbares Gefäß geben.

für 2 Portionen

1 Zwiebel
1 Knoblauchzehe
1 kleine rote Chilischote
4 Tomaten (300 g)
1 EL Kapern
250 g Rinderhackfleisch
50 g Magerquark
50 g Gemüsemais (aus der Dose)
Salz
Pfeffer
2 EL Olivenöl
2 EL Weißweinessig
2 EL Tomatenketchup
1 kleiner Römersalat (175 g)

Zubereitungszeit: 45 min

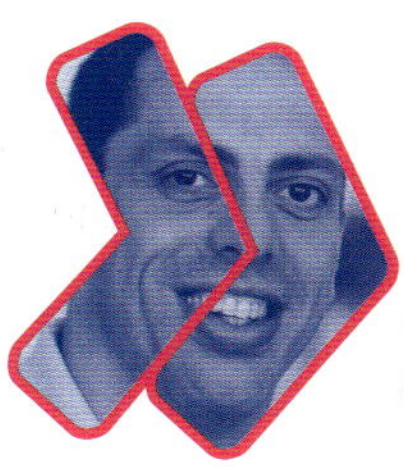

Die Frikadellen schmecken natürlich frisch aus der Pfanne auch sehr gut. Daher gibt es meist die doppelte Portion: eine für sofort und eine für unterwegs.

Hähnchenspieße mit Salat

Zubereitung

1. Die Hähnchenfilets kalt abspülen, trockentupfen und grob würfeln. Die Zitrone heiß waschen, trockenreiben und die Schale abreiben. Zitrone halbieren und auspressen. Thymian waschen, trockenschütteln und die Blättchen hacken.

2. Zitronenschale, 2 Esslöffel Zitronensaft, Thymian, 1 Teelöffel Honig, Salz und Pfeffer verrühren. Fleischwürfel mit der Marinade mischen und zugedeckt 1 Stunde kalt stellen.

3. Die Schalotte abziehen und in halbe Ringe schneiden. Die Tomaten waschen und halbieren. Die Möhren waschen, schälen und grob raspeln. Den Schnittlauch waschen, trockenschütteln und in feine Röllchen schneiden. Die Birne waschen, schälen, vierteln und in Stücke schneiden. Mit 1 Teelöffel Zitronensaft beträufeln.

4. Essig, 2 Esslöffel Zitronensaft, 1 Teelöffel Honig, Salz, Pfeffer, 1 1/2 Esslöffel Olivenöl und Schnittlauch verrühren. Schalotte, Tomaten, Möhren und Birne mit der Vinaigrette mischen. Den Salat in ein verschließbares Gefäß geben.

5. Das Fleisch aus der Marinade nehmen, trockentupfen und auf Holzspieße stecken. 1/2 Esslöffel Öl in einer beschichteten Pfanne erhitzen. Spieße darin 6 Minuten braten. Hähnchenspieße herausnehmen und abkühlen lassen. Mit dem Salat servieren.

für 2 Portionen

2 Hähnchenfilets (à 150 g)
1 unbehandelte Zitrone
3 Stängel Thymian
2 TL Honig
Salz
Pfeffer
1 Schalotte
300 g Cocktailtomaten
200 g Möhren
1/2 Bund Schnittlauch
1 Birne (150 g)
1 EL Obstessig
2 EL Olivenöl

außerdem

4 Holzspieße

Zubereitungszeit: 40 min
Marinierzeit: 60 min

Pilz-Hack-Taler

für 2 Portionen

- 10 g getrocknete Steinpilze
- 50 g Erbsen, tiefgekühlt
- 1 Schalotte
- 1 Knoblauchzehe
- 1/2 Bund glatte Petersilie
- 250 g Rinderhackfleisch
- 4 EL Magerquark (80 g)
- Salz
- Pfeffer
- Piment
- 1 EL Olivenöl
- 40 g leichte Salatcreme (15 % Fett)
- 1 TL grober Senf
- 1 TL süßer Senf

Zubereitungszeit: 45 min
Einweichzeit: 30 min

Zubereitung

1. Die Steinpilze in ein Sieb geben, waschen und in 125 Milliliter heißem Wasser ca. 30 Minuten einweichen. Die Erbsen in einem Sieb auftauen lassen.

2. Die Schalotte und den Knoblauch abziehen. Schalotte in feine Würfel schneiden, Knoblauch durch die Presse drücken. Die Petersilie waschen, trockenschütteln und die Blättchen hacken.

3. Die Steinpilze abtropfen lassen, dabei das Einweichwasser auffangen. Steinpilze hacken und mit Hackfleisch, 2 Esslöffeln Magerquark, den Erbsen, der Hälfte der Petersilie, Zwiebel und Knoblauch verkneten. Mit Salz, Pfeffer und Piment würzen. Aus der Masse etwa 12 flache Taler mit 5 Zentimeter Durchmesser formen. Das Öl in einer Pfanne erhitzen und die Pilztaler darin von jeder Seite etwa 3 Minuten braten. Herausnehmen und abkühlen lassen.

4. Das Einweichwasser der Pilze in das Bratöl geben und auf etwa 3 Esslöffel Flüssigkeit einkochen lassen. Durch ein Sieb gießen und abkühlen lassen.

5. 2 Esslöffel Quark, Salatcreme, eingekochtes Steinpilzwasser, übrige Petersilie und beide Senfsorten verrühren. Mit Salz und Pfeffer abschmecken. Pilztaler in ein verschließbares Gefäß füllen. Die Sauce separat verpacken und dazu reichen.

Tipp Noch feiner schmeckt die Sauce, wenn Sie mit frischem, fein gehacktem Estragon abgerundet wird.

Putenfilet mit Sellerie-Apfel-Vinaigrette

Zubereitung

1. Das Putenbrustfilet unter kaltem Wasser abspülen, mit Küchenpapier trockentupfen und in 4 Medaillons schneiden. Mit Salz, Pfeffer und Cayennepfeffer würzen. 1 Teelöffel Öl in einer beschichteten Pfanne erhitzen und die Medaillons darin auf jeder Seite etwa 3 Minuten braten. Herausnehmen und abkühlen lassen.

2. Die Zwiebel abziehen und in feine Würfel schneiden. Den Sellerie waschen, putzen und ebenfalls fein würfeln. Den Apfel waschen, vierteln, entkernen und in feine Würfel schneiden. Die Petersilie waschen, trockenschütteln und die Blättchen fein hacken.

3. Essig, Honig, Salz, Pfeffer, Cayennepfeffer und restliches Olivenöl verrühren. Die Petersilie unterrühren. Die Vinaigrette mit den Zwiebel-, Staudensellerie- und Apfelwürfeln mischen.

4. Medaillons und Sellerie-Apfel-Vinaigrette in ein verschließbares Gefäß geben. Mit dem Vollkornbrot servieren.

für 2 Portionen

250 g Putenbrustfilet
Salz
Pfeffer
Cayennepfeffer
2 EL Olivenöl
1 Zwiebel
150 g Staudensellerie
1 rotschaliger Apfel (175 g)
1/2 Bund glatte Petersilie
3 EL weißer Aceto balsamico
1 TL Honig
2 Scheiben Vollkornbrot (à 50 g)

Zubereitungszeit: 30 min

Variante Statt Vollkornbrot können Sie zum Putenfilet auch einen Kartoffelsalat reichen. Die Sellerie-Apfel-Vinaigrette mit 3 Esslöffeln Gemüsebrühe verrühren. 300 Gramm Kartoffeln kochen, pellen, in Scheiben schneiden und noch warm mit der Vinaigrette mischen.

Schweinefilet mit Thunfischcreme

für 2 Portionen

300 g Schweinefilet
1 Möhre
1 kleines Stück Knollensellerie (125 g)
1 kleine Stange Porree (125 g)
Salz
1 Lorbeerblatt
einige schwarze Pfefferkörner
1 Dose Thunfisch naturell (135 g Abtropfgewicht)
1 Sardellenfilet (aus dem Glas, in Salz eingelegt)
1 TL Kapern
4 Cornichons
75 g Crème légère
1 EL Zitronensaft
Pfeffer

Zubereitungszeit: 50 min + Abkühlzeit

Zubereitung

1. Das Fleisch kalt abspülen und trockentupfen. Möhre und Sellerie waschen, schälen und in Stücke schneiden. Den Porree putzen, waschen und grob schneiden. Alles in leicht siedendes Salzwasser mit Lorbeerblatt und Pfefferkörnern geben und darin in 30 Minuten gar ziehen lassen. Das Fleisch im Sud abkühlen lassen.

2. Den Thunfisch abtropfen lassen und mit einer Gabel zerpflücken. Das Sardellenfilet in Stücke schneiden. Einige Kapern beiseite legen, die restlichen hacken. 3 Cornichons ebenfalls hacken. Thunfisch, Sardelle, gehackte Kapern und Cornichons mit 3 Esslöffeln Fleischsud in einem hohen Rührbecher mit dem Schneidstab pürieren. Die Crème légère unterrühren. Mit Salz, Zitronensaft und Pfeffer abschmecken.

3. Das Schweinefilet aus dem Sud nehmen, in dünne Scheiben schneiden und in einem flachen, verschließbaren Gefäß verteilen. Die Sauce darüber gießen. 1 Cornichon hacken und mit den restlichen Kapern darüber streuen.

Tipp Damit die Thunfischcreme nicht zu salzig wird, das Sardellenfilet kurz unter kaltem Wasser abspülen.

Gefüllte Putenröllchen

Zubereitung

1. Die Sesamsamen in einer beschichteten Pfanne ohne Fett rösten. Herausnehmen und abkühlen lassen.

2. Die Paprikaschote waschen, vierteln, von Kernen und Trennhäuten befreien und in dünne Streifen schneiden. Zwiebel und Knoblauch abziehen. Zwiebel fein würfeln, Knoblauch durch die Presse drücken. Das Olivenöl in einer beschichteten Pfanne erhitzen und Zwiebel und Knoblauch darin anbraten. Paprikastreifen zufügen und ca. 3 Minuten mitbraten. Mit Salz und Pfeffer würzen. Abkühlen lassen.

3. Die Alfalfasprossen in ein Sieb geben, waschen und gut abtropfen lassen. Den Magerquark und das Paprikamark verrühren und mit Salz und Kümmel würzen.

4. Den Putenbrustaufschnitt mit der Quarkcreme bestreichen. Mit Sesamsamen bestreuen. Paprikastreifen und Alfalfasprossen auf das untere Drittel legen und den Aufschnitt von der kurzen Seite her aufrollen. Die Röllchen in ein verschließbares Gefäß geben.

für 2 Portionen

1 EL Sesamsamen
1 rote Paprikaschote (175 g)
1 kleine Zwiebel
1 Knoblauchzehe
1 TL Olivenöl
Salz
Pfeffer
50 g Alfalfasprossen
75 g Magerquark
1 TL Paprikamark
gemahlener Kümmel
8 dünne Scheiben Putenbrustaufschnitt (150 g)

Zubereitungszeit: 35 min

Damit die Röllchen gut zusammenhalten, stecke ich sie meist noch mit einem Holzspießchen fest.

Obstsalat mit Vanillecreme

für 2 Portionen

20 g Haselnussblättchen
gemahlener Zimt
2–3 Orangen (800 g)
1/2 reife Ogen- oder Netzmelone (500 g)
125 g Himbeeren
150 g Magerjoghurt
150 g stichfeste saure Sahne (10 % Fett)
etwas flüssiges Vanillearoma
2 TL Honig
1 TL Zitronensaft

Zubereitungszeit: 30 min

Zubereitung

1. Die Haselnussblättchen in einer beschichteten Pfanne ohne Fett goldbraun rösten. Mit Zimt bestäuben, mischen und auf einem Teller abkühlen lassen.

2. Die Orangen dick schälen, dabei die weiße Haut entfernen. Die Orangenfilets mit einem scharfen Messer zwischen den Trennhäuten herausschneiden. Die Melone entkernen, in Spalten schneiden, schälen und in mundgerechte Stücke schneiden. Die Himbeeren, wenn nötig, vorsichtig waschen und gut abtropfen lassen.

Ein süßer Abschluss darf auch beim Picknick nicht fehlen – Hauptsache, es ist viel Obst dabei.

3. Joghurt, saure Sahne, Vanillearoma, Honig und Zitronensaft verrühren. Die Vanillecreme in ein verschließbares Gefäß füllen.

4. Orangen, Melone und Himbeeren vorsichtig mischen und ebenfalls in ein verschließbares Gefäß füllen. Haselnussblättchen extra verpacken. Das Obst anrichten, die Vanillecreme darüber verteilen und mit Haselnussblättchen bestreuen.

Köstliches Wochenende

Das gemütliche Kochen bleibt in der Regel Samstag und Sonntag vorbehalten. Dann lädt man gerne Freunde ein, um sie zu verwöhnen oder gemeinsam mit ihnen neue Rezepte auszuprobieren. Wir zeigen Ihnen, dass dies auch figurfreundlich geht. Die richtigen Zutaten – Fleisch oder Fisch mit viel frischem Gemüse – und eine fettarme Zubereitung sind das ganze Geheimnis.

Fruchtiges Seelachsgulasch

für 2 Portionen

250 g Seelachsfilet
2 EL Zitronensaft
Salz
Pfeffer
10 küchenfertige Garnelen (120 g)
1 Mango (500 g)
1 Bund Frühlingszwiebeln (150 g)
1 Knoblauchzehe
5 Cocktailtomaten
1 rote Chilischote
1 EL Olivenöl
150 ml Fischfond aus dem Glas
75 g Crème légère

Zubereitungszeit: 45 min

Zubereitung

1. Das Seelachsfilet kalt abspülen, trockentupfen und in Würfel schneiden. Mit Zitronensaft beträufeln und mit Salz und Pfeffer würzen. Von den Garnelen mit einem spitzen Messer den schwarzen Darm entfernen. Garnelen waschen und trockentupfen.

2. Die Mango schälen, das Fruchtfleisch in Spalten vom Stein schneiden und würfeln. Die Frühlingszwiebeln putzen, waschen und in Stücke schneiden. Den Knoblauch abziehen und durch die Presse drücken. Die Cocktailtomaten waschen und halbieren. Die Chilischote waschen, entkernen und in Ringe schneiden.

3. Das Öl in einem Topf erhitzen. Die Garnelen darin von jeder Seite anbraten und herausnehmen. Den Knoblauch im Bratöl anbraten. Frühlingszwiebeln und Chilischote mitbraten. Mit Fischfond ablöschen und zugedeckt 5 Minuten kochen.

4. Mango und Seelachs zu den Frühlingszwiebeln geben und weitere 3 Minuten dünsten. Garnelen und Tomaten zugeben und weitere 2 Minuten kochen. Die Crème légère unterrühren und die Sauce mit Salz und Pfeffer abschmecken.

Tipp Für das Gulasch können Sie gut tiefgekühlte Garnelen verwenden. Denken Sie aber daran, sie rechtzeitig zum Auftauen in einem Sieb in den Kühlschrank zu stellen.

Gebackene Thunfischsteaks

Zubereitung

1. Den Knoblauch abziehen und durch die Presse drücken. Die Zitrone heiß waschen, trockenreiben und die Schale fein abreiben. Zitrone halbieren, eine Hälfte auspressen. Die Thunfischsteaks waschen, trockentupfen und mit Salz und Pfeffer würzen. Mit Zitronenschale und Knoblauch einreiben. Mit 1 Esslöffel Zitronensaft beträufeln und 30 Minuten zugedeckt kalt stellen.

2. Den Backofen auf 200 °C vorheizen. Die Zwiebel abziehen und grob würfeln. Die Petersilie waschen, trockenschütteln und die Blättchen abzupfen. Beides mit der Toastscheibe im Universalzerkleinerer hacken. Das Eiweiß verquirlen und mit der Zwiebelmischung verrühren. Die Masse mit Salz und Pfeffer würzen.

3. Die Thunfischsteaks in eine flache Auflaufform legen und die Petersilien-Zwiebelmischung auf dem Fisch verteilen. Im vorgeheizten Backofen (Umluft: 180 °C, Gas: Stufe 3–4) ca. 15 Minuten backen. Eventuell zum Schluss den Grill zuschalten und die Thunfischsteaks überbacken, bis die Kruste goldbraun ist.

für 2 Portionen

- 1 Knoblauchzehe
- 1 unbehandelte Zitrone
- 2 Thunfischsteaks (à 150 g)
- Salz
- Pfeffer
- 1 Zwiebel
- 1 Bund glatte Petersilie
- 1 Scheibe Vollkorntoast
- 1 Eiweiß (Größe M)

Zubereitungszeit: 50 min

Tipp Zu den Thunfischsteaks können Sie einen knackigen Blattsalat mit einer Vinaigrette aus Olivenöl und Zitronensaft servieren.

Gebackene Seezungenfilets

für 2 Portionen

1 Zwiebel

300 g Möhren

250 g Champignons

2 EL Olivenöl

Salz

Pfeffer

1 Limette

8 kleine oder 4 große Seezungenfilets (à 40 bzw. 80 g)

1 Bund Schnittlauch

100 g Crème légère

Zubereitungszeit: 45 min

Zubereitung

1. Die Zwiebel abziehen und fein würfeln. Die Möhren schälen, putzen und in Scheiben schneiden. Die Champignons putzen, mit feuchtem Küchenpapier abreiben und in Scheiben schneiden.

2. Das Olivenöl in einem Topf erhitzen und die Zwiebel darin anbraten. Möhren und Champignons zufügen und anbraten. Mit Salz und Pfeffer würzen und zugedeckt 8 Minuten dünsten. Den Backofen auf 200 °C vorheizen.

3. Die Limette heiß waschen, trockenreiben und die Schale mit einem Zestenreißer in feinen Streifen abziehen. Die Limette halbieren und auspressen. Die Fischfilets waschen und trockentupfen, große Filets halbieren. Die Filets mit Salz und Pfeffer würzen. Mit 1 Esslöffel Limettensaft beträufeln, mit Limettenschale bestreuen und aufrollen.

4. Das Gemüse in eine flache Auflaufform geben und die Fischfilets darauf verteilen. Im vorgeheizten Backofen (Umluft: 180 °C, Gas: Stufe 3–4) ca. 15 Minuten backen.

5. Den Schnittlauch waschen, trockenschütteln und in Röllchen schneiden. Die Fischfilets vorsichtig auf einen Teller geben. Crème légère und Schnittlauch in das Gemüse rühren. Das Gemüse mit Salz und Pfeffer abschmecken und mit dem Fisch anrichten.

Mediterrane Fischspieße

für 2 Portionen

Rotbarbenfilets, tiefgekühlt (280 g, Abtropfgewicht 230 g)
500 g Tomaten
1 Zwiebel
1 Knoblauchzehe
2 EL Olivenöl
Salz
Pfeffer
2 Stängel Thymian
1 EL Zitronensaft
1 Zucchino (150 g)
1 rote Paprikaschote (150 g)
8 frische kleine Lorbeerblätter

außerdem
4 Schaschlikspieße

Zubereitungszeit: 45 min

Zubereitung

1. Die Fischfilets auftauen lassen, kalt abspülen und trockentupfen. Die Filets in 8 Stücke schneiden. Die Tomaten einritzen, überbrühen, abschrecken, häuten und würfeln. Zwiebel und Knoblauch abziehen und fein würfeln.

2. 1 Esslöffel Olivenöl in einem Topf erhitzen, Zwiebel und Knoblauch darin anbraten. Tomaten zufügen und mit Salz und Pfeffer würzen. Den Thymian waschen, trockentupfen, die Blättchen abzupfen und zu den Tomaten geben. Die Tomaten zugedeckt 20 Minuten schmoren.

3. Die Rotbarbenfilets mit Zitronensaft beträufeln und mit Salz und Pfeffer würzen. Zucchino und Paprikaschote waschen, putzen und in jeweils 12 Stücke schneiden. Auf jedes Fischfilet 1 Lorbeerblatt legen und mit der Hautseite nach außen zusammenklappen. Je 2 Fischstücke sowie je 3 Zucchini- und Paprikastücke im Wechsel auf 1 Schaschlikspieß stecken.

4. 1 Esslöffel Olivenöl in einer beschichteten Pfanne erhitzen und die Spieße darin unter Wenden anbraten. Mit 50 Milliliter Wasser ablöschen und zugedeckt 8 Minuten schmoren. Die Tomatensauce 5 Minuten offen leise kochen lassen. Mit Salz und Pfeffer abschmecken und mit den Spießen anrichten.

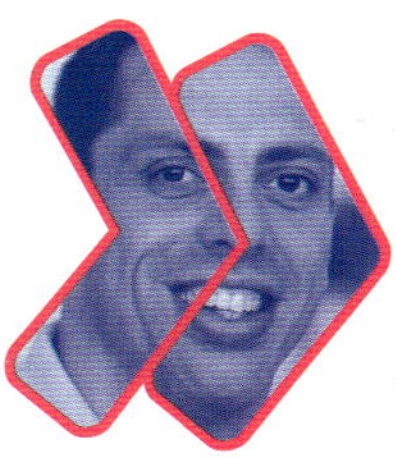

Zu den Fischspießen passt vorneweg ein bunter Blattsalat sehr gut – mit Rucola, Tomatenspalten, Paprikawürfeln und Gurkenscheiben, dazu ein fruchtiges Dressing aus Olivenöl und Zitronensaft.

Hähnchenschenkel mit Asia-Salat

Zubereitung

1. Den Backofen auf 200 °C vorheizen. Die Hähnchenschenkel kalt abspülen und trockentupfen. Erdnussbutter, 1/2 Teelöffel Sambal Oelek und 3 Esslöffel Sojasauce glatt rühren. Das Hähnchenfleisch damit bestreichen und in eine flache Auflaufform geben. Im vorgeheizten Backofen (Umluft: 180 °C, Gas: Stufe 3–4) 30 Minuten backen, nach der Hälfte der Zeit einmal wenden.

2. Die Zuckerschoten waschen und putzen. Die Möhren schälen, putzen und in Scheiben schneiden. Die Möhren in kochendem Salzwasser 5 Minuten garen. Die Zuckerschoten nach 2 Minuten dazugeben und mitkochen. Das Gemüse in ein Sieb geben und abtropfen lassen.

3. Obstessig, Salz, etwas Sambal Oelek, 1 Esslöffel Sojasauce und Öl verrühren. Die Gurke waschen, schälen, halbieren und in Scheiben schneiden. Die Mungobohnenkeime verlesen, mit heißem Wasser abspülen und abtropfen lassen. Den Schnittlauch waschen, trockenschütteln und in Röllchen schneiden.

4. Gemüse, Mungobohnenkeime, Schnittlauch und die Marinade mischen und mit den gebackenen Hähnchenschenkeln servieren.

für 2 Portionen

4 Hähnchenunterschenkel (à 100 g)

1 EL Erdnussbutter (15 g)

Sambal Oelek

4 EL Sojasauce

100 g Zuckerschoten

150 g Möhren

Salz

2–3 EL Obstessig

2 EL Sojaöl

150 g Salatgurke

100 g Mungobohnenkeime

1/2 Bund Schnittlauch

Zubereitungszeit: 40 min

Tipp Mit der Erdnuss-Sojasaucen-Marinade bekommt auch anderes Fleisch den ganz besonderen Pfiff, z. B. können Sie Rindfleisch in feine Streifen schneiden und, mit der Mischung bestrichen, kurz in der Pfanne anbraten. Dazu ebenfalls den Gemüsesalat reichen.

Fischfiletpäckchen mit Gurkenragout

für 2 Portionen

300 g Seelachsfilet
1 EL Zitronensaft
Pfeffer
100 g kleine Zwiebeln
1 Schmorgurke (400 g)
150 g Pfifferlinge (frisch oder aus dem Glas)
2 EL Olivenöl
125 ml Gemüsebrühe
Salz
4–5 dünne Scheiben magerer roher Schinken (ca. 70 g)
1/2 Bund Petersilie
2 Stiele Thymian
75 ml Crème balance flüssig (7,5 % Fett)

Zubereitungszeit: 45 min

Zubereitung

1. Das Fischfilet waschen, trockentupfen und in ca. 2 Zentimeter breite Stücke schneiden, je nach Größe nochmals halbieren. Den Fisch mit Zitronensaft beträufeln und mit Pfeffer würzen.

2. Die Zwiebeln abziehen und in schmale Spalten schneiden. Die Gurke waschen, putzen, schälen, längs halbieren und mit einem Teelöffel entkernen. Die Gurkenhälften in kleine Stücke schneiden. Frische Pilze putzen, mit einem feuchten Küchenpapier abreiben und eventuell halbieren oder vierteln. Pilze aus dem Glas gut abtropfen lassen.

3. 1 Esslöffel Öl in einer beschichteten Pfanne erhitzen. Zwiebeln und Pilze darin ca. 4 Minuten anbraten. Die Gurkenstücke zufügen. Mit Brühe ablöschen und aufkochen. Mit Salz und Pfeffer würzen und zugedeckt ca. 6 Minuten kochen.

4. Schinken längs halbieren und jeweils um ein Fischstück wickeln. 1 Esslöffel Öl in einer zweiten Pfanne erhitzen und die Fischstücke darin auf jeder Seite ca. 3 Minuten braten.

5. Inzwischen die Kräuter waschen, trockenschütteln und fein hacken. Mit Crème balance zum Gemüse geben und alles mit Salz und Pfeffer abschmecken. Das Gemüse und die Fischfiletpäckchen auf Tellern anrichten.

Mariniertes Schweinegulasch

Zubereitung

1. Das Fleisch unter kaltem Wasser abspülen, trockentupfen und in Würfel schneiden. Den Knoblauch abziehen und durch die Presse drücken. Die Zitrone heiß waschen, trockenreiben und die Schale abreiben. Zitrone halbieren und eine Hälfte auspressen. Den Thymian waschen, trockenschütteln und die Blättchen hacken. Knoblauch, Zitronenschale und -saft, Thymian, Salz, Pfeffer und 1 Esslöffel Olivenöl verrühren. Das Fleisch mit der Marinade mischen und zugedeckt ca. 2 Stunden kalt stellen.

2. Die Zwiebel abziehen und in Würfel schneiden. Die Möhren waschen, schälen und in Scheiben schneiden. Die Champignons putzen, mit einem feuchten Küchenpapier abreiben und halbieren.

3. 1 Esslöffel Öl in einem Topf erhitzen, die Champignons darin anbraten und herausnehmen. Fleisch, Zwiebel und Möhren in dem Topf anbraten. Mit Brühe ablöschen und mit Salz und Pfeffer würzen. Zugedeckt ca. 15 Minuten schmoren. Die Champignons zugeben und weitere 10 Minuten garen.

4. Den Senf in das Gulasch rühren und die Crème légère unterrühren. Mit Salz und Pfeffer abschmecken.

für 2 Portionen

350 g mageres Schweinefleisch (aus der Keule)

1 Knoblauchzehe

1 unbehandelte Zitrone

3 Stiele Thymian

Salz

Pfeffer

2 EL Olivenöl

1 Gemüsezwiebel (300 g)

200 g Möhren

200 g kleine Champignons

50 ml Gemüsebrühe

2 TL Kräutersenf

100 ml Crème légère (15 % Fett)

Zubereitungszeit: 45 min
Marinierzeit: 2 std

Tipp Falls Sie abends Gäste erwarten, können Sie das Fleisch bereits morgens in die Marinade geben. Durch die längere Marinierzeit entfaltet sich das Aroma noch intensiver.

Schweinefilet mit Cranberryhaube

für 2 Portionen

2 Zwiebeln
30 g getrocknete Cranberrys
1 Scheibe Vollkorntoastbrot
1 EL geriebener Meerrettich (aus dem Glas)
1 Eiweiß
Salz
Pfeffer
je 1 grüne, rote und gelbe Paprikaschote (500 g)
2 EL Olivenöl
50 ml Gemüsebrühe
4 Schweinemedaillons (à 80 g)
1/2 Kästchen Kresse

Zubereitungszeit: 45 min

Zubereitung

1. Die Zwiebeln abziehen und fein würfeln. Die Cranberrys hacken und mit der Hälfte der Zwiebeln, Toastbrot, Meerrettich und Eiweiß im Universalzerkleinerer hacken. Mit Salz und Pfeffer würzen.

2. Die Paprikaschoten waschen, von Kernen und Trennhäuten befreien und in Streifen schneiden. 1 Esslöffel Olivenöl in einem Topf erhitzen und die restlichen Zwiebeln darin anbraten. Die Paprikaschoten zufügen und kurz andünsten. Paprikaschoten mit Salz und Pfeffer würzen, in eine flache Auflaufform füllen und die Brühe angießen. Den Backofen auf 220 °C vorheizen.

3. Die Medaillons kalt abspülen, trockentupfen und mit Salz und Pfeffer einreiben. 1 Esslöffel Olivenöl in einer Pfanne erhitzen. Die Medaillons darin von beiden Seiten kurz anbraten, herausnehmen und auf das Gemüse setzen. Die Cranberrymischung auf den Medaillons verteilen und diese im vorgeheizten Backofen (Umluft: 200 °C, Gas: Stufe 4–5) 15 Minuten backen. Die Kresse mit einer Haushaltsschere abschneiden und darüber streuen.

Tipp Getrocknete Cranberrys mit ihrem herb-säuerlichen Geschmack bekommen Sie mittlerweile im Supermarkt bei den Trockenfrüchten oder im Bioladen.

Gratinierte Putenmedaillons

für 2 Portionen

1 Zwiebel
250 g Blumenkohl
400 g Brokkoli
4 kleine Putenmedaillons (à ca. 75 g)
1 EL Olivenöl
Salz
Pfeffer
100 ml Gemüsebrühe
1/2 unbehandelte Zitrone
3 Stängel Zitronenmelisse
50 g fettarmer Frischkäse (5 % Fett absolut)
einige rote Pfefferkörner

Zubereitungszeit: 50 min

Zubereitung

1. Die Zwiebel abziehen und in Streifen schneiden. Blumenkohl und Brokkoli waschen, putzen und in kleine Röschen teilen. Die Brokkolistiele schälen und in Scheiben schneiden.

2. Die Putenmedaillons kalt abspülen und trockentupfen. Das Öl in einer Pfanne erhitzen. Die Medaillons darin von beiden Seiten kurz anbraten, mit Salz und Pfeffer würzen und herausnehmen.

3. Die Zwiebel im Bratöl anbraten. Blumenkohl und Brokkoli hinzufügen und mit der Brühe ablöschen. Mit Salz und Pfeffer würzen und zugedeckt 8 Minuten dünsten.

4. In der Zwischenzeit die Zitrone heiß waschen, mit Küchenpapier trockenreiben und die Schale abreiben. Die Zitronenmelisse waschen, trockenschütteln und die Blättchen hacken. Frischkäse, Zitronenschale und Zitronenmelisse verrühren. Mit Salz und Pfeffer würzen. Den Backofen auf 200 °C vorheizen.

5. Das Gemüse mitsamt der Brühe in eine flache Auflaufform geben. Die Medaillons darauf legen, mit der Käsecreme bestreichen und mit den roten Pfefferkörnern bestreuen. Im vorgeheizten Backofen (Umluft: 180 °C, Gas: Stufe 3–4) ca. 15 Minuten backen.

Tipp Da das Gemüse mit der Brühe in die Auflaufform gegeben wird, muss diese nicht eingefettet werden – das spart unnötiges Fett.

Kalbsröllchen mit Fenchelgemüse

für 2 Portionen

100 g kleine Zwiebeln
250 g Fenchel
200 g Tomaten
4 kleine, flache Kalbsschnitzel (à 80 g)
Salz
Pfeffer
6 TL Paprikamark
8 Salbeiblätter
2 EL Olivenöl
100 ml Gemüsebrühe

außerdem

Holzspießchen

Zubereitungszeit: 45 min

Zubereitung

1. Die Zwiebeln abziehen und in Spalten schneiden. Fenchel und Tomaten waschen und putzen. Den Fenchel in Streifen und die Tomaten in Würfel schneiden.

2. Die Schnitzel mit Küchenpapier trockentupfen und flach streichen. Mit Salz und Pfeffer würzen. Jeweils 1 Teelöffel Paprikamark auf 1 Schnitzel streichen. Den Salbei waschen, trockentupfen und jeweils 2 Blätter auf 1 Schnitzel legen. Die Schnitzel aufrollen und mit Holzspießchen feststecken.

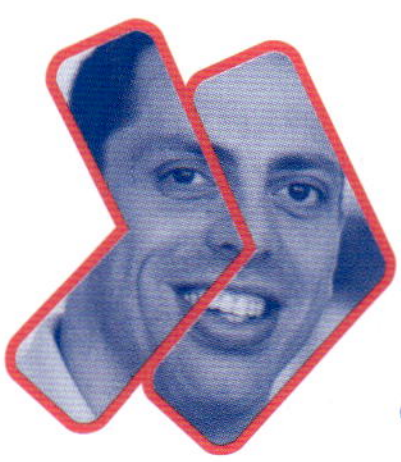

Wer mag, kann zu den Kalbsröllchen Vollkornbaguette reichen, um die feine Sauce aufzutunken.

3. Das Olivenöl in einem Schmortopf erhitzen. Die Röllchen darin rundherum anbraten und herausnehmen. Die Zwiebeln im Bratöl anbraten. Den Fenchel zufügen und anbraten. Mit Salz und Pfeffer würzen. Die Brühe zugießen und die Kalbsröllchen auf das Gemüse legen. Alles zugedeckt 6 Minuten schmoren. Die Tomaten untermischen und weitere 6 Minuten schmoren. Das Gemüse mit Salz, Pfeffer und 2 Teelöffeln Paprikamark abschmecken.

Basilikumschnitzel

für 2 Portionen

50 g Vollkornreis
Salz
1 Schalotte
300 g Zucchini
4 kleine, dünne Kalbsschnitzel (à 60 g)
Pfeffer
2 Scheiben Parmaschinken (30 g)
4 getrocknete Tomaten (in Öl eingelegt)
3 Stängel Basilikum
2 EL Olivenöl
100 ml Brühe
50 g Crème légère
150 g Erbsen, tiefgekühlt

außerdem

Holzspießchen

Zubereitungszeit: 45 min

Zubereitung

1. Den Reis nach Packungsanweisung in Salzwasser garen. Abgießen und abtropfen lassen. Die Schalotte abziehen und fein würfeln. Die Zucchini waschen, putzen und in Würfel schneiden.

2. Die Schnitzel flach streichen und mit Salz und Pfeffer würzen. Den Schinken halbieren und darauf verteilen. Jeweils 1 Tomate darauf legen. Das Basilikum waschen, trockenschütteln und die Blättchen abzupfen. Jeweils 2 Blättchen auf das Fleisch legen, die Schnitzel zusammenklappen und mit Holzspießchen feststecken. Restliches Basilikum in Streifen schneiden.

3. 1 Esslöffel Olivenöl in einer Pfanne erhitzen und die Schnitzel darin von jeder Seite 3 Minuten braten. Mit der Brühe ablöschen und aufkochen lassen. Die Crème légère einrühren und die Sauce mit Salz und Pfeffer abschmecken.

4. 1 Esslöffel Olivenöl in einem Topf erhitzen und die Schalotte darin anbraten. Zucchini zufügen und 2 Minuten dünsten. Mit Salz und Pfeffer würzen. Die tiefgekühlten Erbsen zufügen und alles weitere 3 Minuten garen.

5. Den Reis unter das Gemüse geben und erhitzen. Das Basilikum unterrühren. Den Reis mit Schnitzeln und Sauce anrichten.

Tipp Statt Crème légère kann man auch saure Sahne mit 10 % Fett unter die Sauce rühren. Die Sauce dann nicht mehr kochen lassen, damit die Sahne nicht ausflockt.

Würzige Lammscheiben

Zubereitung

1. Das Lammfleisch auftauen lassen. Den Knoblauch abziehen und durch die Presse drücken. Das Fleisch unter kaltem Wasser abspülen und trockentupfen, Fettkante und Knochenmark entfernen. Das Fleisch mit Salz, Pfeffer und Majoran würzen, mit Knoblauch einreiben und mit 1 Esslöffel Senf bestreichen.

2. Das Olivenöl in einem Schmortopf erhitzen und das Fleisch darin von beiden Seiten anbraten. Mit dem Lammfond ablöschen und aufkochen. Mit Salz und Pfeffer würzen und zugedeckt 40 Minuten schmoren.

Beim Gemüse kann man gut variieren: mal nehme ich noch Zucchini, Tomaten oder Fenchel – je nach Lust und Laune.

3. Paprikaschoten und Aubergine waschen, putzen und würfeln. Mit den Oliven nach 30 Minuten zum Fleisch geben und mitschmoren. Das Gemüse mit Salz, Pfeffer und 1/2 Esslöffel Senf abschmecken.

für 2 Portionen

- 2 Scheiben Lammkeule, tiefgekühlt (à ca. 170 g)
- 1 Knoblauchzehe
- Salz
- Pfeffer
- 1 TL getrockneter Majoran
- 1 1/2 EL Kräutersenf
- 1 EL Olivenöl
- 100 ml Lammfond (aus dem Glas)
- je 1 rote und grüne Paprikaschote (350 g)
- 1 Aubergine (250 g)
- 40 g grüne Kräuteroliven (ohne Stein, trocken eingelegt)

Zubereitungszeit:
50 min + Auftauzeit

Glossar

Aminosäuren

Bausteine der Proteine. Es gibt etwa 20 verschiedene Aminosäuren, aus denen Eiweiße zusammengesetzt sind, und die über die Qualität eines Eiweißes entscheiden. Besonders hochwertig sind tierische Eiweiße. Acht Aminosäuren sind essentiell, d. h. lebensnotwendig: Isoleucin, Leucin, Lysin, Methionin, Phenylalanin, Threonin, Tryptophan, Valin. Zwei weitere Aminosäuren, Arginin und Histidin, werden als semiessentiell bezeichnet.

AMformula®

Von Mark Warnecke entwickeltes Eiweißpulver aus hochwertigen tierischen Aminosäuren, das den Muskelabbau bei Diäten verhindert und damit den Abnehmprozess unterstützt. Das Produkt ist speziell für Nichtsportler und ältere Personen entwickelt worden.

Body-Mass-Index (BMI)

Der BMI ist die gängige Methode, um das Körpergewicht zu beurteilen. Er wird berechnet, indem man das Körpergewicht in kg durch die Körpergröße in m zum Quadrat teilt [z. B. 70 kg : (1,65 x 1,65 m) = 25,7]. Ein BMI zwischen 20 und 24 bedeutet, dass man normalgewichtig ist, ab einem BMI von 25 sollte man sein Gewicht reduzieren. Bei einem BMI über 30 spricht man von Adipositas, also Fettleibigkeit. Abnehmen ist dann dringend geraten – am besten mit ärztlicher Unterstützung.

Energiebedarf

Der tägliche Energiebedarf ist bei jedem Menschen anders. Er setzt sich zusammen aus dem Grundumsatz, der den Großteil des Energiebedarfs ausmacht, und dem Arbeitsumsatz, auch Leistungsumsatz genannt, für alle körperlichen Aktivitäten. Grundumsatz plus Arbeitsumsatz ergeben zusammen den Gesamtenergiebedarf.

Glykämischer Index

Dieser Index gibt an, wie schnell Kohlenhydrate aufgespalten werden und den Blutzuckerspiegel ansteigen lassen. Lebensmittel mit einem hohen glykämischen Index sollten vermieden werden, da sie den Blutzuckerspiegel schnell ansteigen lassen und für eine verstärkte Insulinausschüttung sorgen. In der Folge kommt es – ohne tatsächlich Energie zu benötigen – zu Hungergefühlen. Welche Lebensmittel einen günstigen niedrigen glykämischen Index haben, sehen Sie in der Tabelle auf Seite 140.

Grundumsatz

Der Grundumsatz ist der Energiebedarf, den unser Körper für alle lebenswichtigen Körperfunktionen wie Atmung und Herzschlag braucht. Der Grundumsatz ist abhängig von Alter, Geschlecht und Körpergewicht. Für Frauen zwischen 25 und 50 Jahren beträgt er bei einem Durchschnittsgewicht von 59 kg 1340 kcal, für Männer zwischen 25 und 50 Jahren bei einem Durchschnittsgewicht von 74 kg 1740 kcal.

Haltephase

In dieser Phase soll nach dem Erreichen des Wunschgewichtes das Gewicht langfristig gehalten und der Körper an das neue Gewicht gewöhnt werden. Gewichtsschwankungen sollten für etwa sechs Monate möglichst vermieden werden, damit sich ein dauerhafter Erfolg einstellt.

Insulin

Dieser körpereigene Stoff reguliert unseren Blutzuckerspiegel. Essen wir etwas Süßes, sorgt Insulin dafür, dass der Zucker aus dem Blut aufgenommen wird und der Blutzuckerspiegel wieder sinkt – allerdings bekommen wir dadurch schnell wieder Hunger, obwohl wir eigentlich satt sein müssten.

Jojo-Effekt

Bei Diäten lernt der Körper mit der verringerten Energiezufuhr umzugehen und stellt sich auf einen geringeren Grundumsatz ein. Zudem nimmt während einer normalen Diät durch einen Abbau von Muskelmasse der Grundumsatz zusätzlich ab. Wer nach der Diät zu alten Essgewohnheiten zurückkehrt, nimmt automatisch wieder zu, da er nun mehr isst, als der Körper tatsächlich benötigt.

Low-Carb-Diät

Dieses Diätkonzept basiert darauf, die Kohlenhydratzufuhr einzuschränken und nur Kohlenhydrate mit einem niedrigen glykämischen Index zu verzehren. Durch den positiven Einfluss auf den Blutzuckerspiegel ist die Low-Carb-Diät eine gute Möglichkeit zum Abnehmen (Lebensmittel, die der Low-Carb-Methode entsprechen und ungünstige Kohlenhydratlieferanten sehen Sie in der Übersicht auf Seite 140). Unter dem Namen Atkins-Diät steht die Low-Carb-Methode für eine Diät mit wenigen Kohlenhydraten und viel Fett. Durch den hohen Fettgehalt ist dieses Programm allerdings langfristig kritisch zu beurteilen, da es zu einem Anstieg der Blutfettwerte kommen kann.

Metabolisches Syndrom

Darunter wird die Kombination mehrerer Einzelerkrankungen zusammengefasst. Dazu zählen erhöhte Blutfettwerte, Bluthochdruck, erhöhter Blutzucker und Übergewicht, das sich vor allem am Bauch bemerkbar macht („Bierbauch"). Als Folge können Herzinfarkt, Schlaganfall und Arteriosklerose auftreten.

Reduktionsphase

Die Anfangsphase der Diät, die vier bis acht Wochen dauert und bei der am meisten Gewicht reduziert wird (1 bis 2 kg pro Woche). Wer besonders viel Gewicht verlieren möchte, kann diese Diätphase mit AMformula® unterstützen.

Übergewicht

Auch wenn sich viele mit Figurproblemen auf ihre Veranlagung berufen, zu Übergewicht kommt es erst, wenn man dem Körper mehr Energie zuführt, als er tatsächlich benötigt. Ob man übergewichtig ist, kann man mit dem BMI berechnen. Sport ist eine gute Möglichkeit, den Energieverbrauch anzukurbeln, aber kein Allheilmittel zum Abnehmen, wenn man dennoch zu viel und das Falsche isst.

Übersicht Low Carb

In der folgenden Übersicht finden Sie eine Auswahl an Lebensmitteln, die dem Low-Carb-Prinzip entsprechen. Günstige Lebensmittel zeichnen sich durch einen niedrigen glykämischen Index aus, d.h. sie beeinflussen den Blutzuckerspiegel nur in Maßen. Ungünstige Lebensmittel hingegen haben einen hohen glykämischen Index und sind mitverantwortlich für Übergewicht.

Günstige Lebensmittel

Bitterschokolade

Eier

Fisch

Fleisch

Früchtemüsli ohne Zuckerzusatz

Fruchtsaft ohne Zuckerzusatz

Fruchtzucker

Geflügel

Gemüse
(alle Sorten außer Kürbis, gekochten Möhren und Süßkartoffeln)

Haferflocken

Hülsenfrüchte
(außer Saubohnen)

Milch und Milchprodukte

Naturreis

Nüsse

Obst
(alle Sorten außer Bananen, getrockneten Datteln und Wassermelone)

Sojaprodukte
(z. B. Sojamilch, Tofu)

Vollkorngetreideprodukte
(z. B. Vollkornbrot, Vollkornnudeln)

Weizenkeime

Wurst

Ungünstige Lebensmittel

Bonbons

Chips

Colagetränke

Cornflakes

Croissant

Eistee

Erdnussflips

Fruchtnektar mit Zuckerzusatz

Hirse

Kartoffeln als Bratkartoffeln, Klöße, Pommes

Kuchen und Gebäck

Limonade

Malzbier

Nudeln

Pils

Popcorn

Salzstangen

Schokolade, Vollmilch- und weiße

Schokomüsli

Stärke

Traubenzucker

Weingummi

Weißmehlprodukte
(z. B. Weißbrot, Brötchen, Bagels)

Sachregister

Zutatenregister

Impressum

Projektleitung
Susanne Kirstein

Projektkoordination und Buchidee
Manuela Ferling

Redaktion
Alexandra Endres

Gesamtproducing, Layout, Satz
v|Büro – Jan-Dirk Hansen, München

Bildredaktion
Sabine Kestler

Korrektorat
Susanne Langer

Litho
Lorenz & Zeller, Inning a. A.

Druck
Alcione, Lavis

Printed in Italy

ISBN 10: 3-517-08243-0
ISBN 13: 978-3-517-08243-1

9817 2635 4453 6271

Impressum

Hinweis

Die Ratschläge in diesem Buch sind von Autor und Verlag sorgfältig erwogen und geprüft; dennoch kann eine Garantie nicht übernommen werden. Eine Haftung des Autors bzw. des Verlags und dessen Beauftragten für Personen-, Sach- und Vermögensschäden ist ausgeschlossen.

Über den Autor

Der Mediziner **Mark Warnecke** arbeitete neben seiner sportlichen Tätigkeit an der Orthopädischen Universitätsklinik in Bochum, größtenteils in der unfallchirurgischen Abteilung und unterstützt das Ärzteteam des Deutschen Schwimmverbandes. Seit über 10 Jahren forscht und arbeitet er auf dem Gebiet der Ernährungsoptimierung mit Schwerpunkt Sport. 2005 wurde Mark Warnecke ältester Schwimmweltmeister aller Zeiten.

Über die Fotografin

Maja Smend gehört zur jungen Garde erfolgreicher Fotografen in London. Nach dem Studium in England und der Auszeichnung als »beste Nachwuchsfotografin«, folgte die Selbstständigkeit mit dem Fokus auf Food, Lifestyle und Travel. Ihre Kunden sind namhafte Verlage, Werbeagenturen und Markenunternehmen diesseits und jenseits des Ärmelkanals.

Bildnachweis

Fotos People: Peter von Felbert, München
Fotos Food: Maja Smend, London
Südwest Verlag, München: 9 (Gerd Heidorn), 14 (Martina Urban)